Ute Hatlappa-Eichstädt

So macht Lernen Spaß

Lernförderung für Kinder im Vorschulalter

CHRISTOPHORUS

Inhalt

Vorwort

Lernen mit Spaß und Neugierde

Natürlich, alle Eltern wünschen sich begabte und intelligente Kinder, die gut lernen können. Dies tun sie nicht ohne Grund: Sie wissen, dass der schulische Erfolg eine wichtige Voraussetzung für Glück und Erfolg ihrer Kinder ist. Wer würde das bestreiten?

Aber leider beginnt der Druck auf Eltern und ihre Kinder viel zu früh – meistens ist er schon im Vorschulalter zu spüren: Bei Nachbarn, Verwandten, Freunden steht das Thema Schule schon hoch im Kurs, noch ehe das Kind den Kindergarten verlassen hat. „Wann kommst du denn in die Schule?" „Da musst du aber tüchtig lernen." „Kannst du denn schon bis zehn zählen?" Mal ehrlich, wer kann sich solch einem Erwartungsdruck so ganz entziehen?

Da ist es nur zu verständlich, dass es manchen Kindern ganz schön mulmig wird bei dem Gedanken ans Lernen. Werde ich gut sein? Schaffe ich das alles? Die ersten sechs Lebensjahre hat Ihr Kind sich keine Gedanken über das Lernen gemacht. Ab jetzt wird der Begriff es nicht mehr loslassen und viele unterschiedliche, oft leider negative Gefühle in ihm auslösen. Dieser Ratgeber möchte dabei helfen, dass Ihr Kind ein positives Lerngefühl entwickelt und er möchte Ihnen Mut machen, auf den Stärken Ihrer Kinder aufzubauen. Seien Sie ganz beruhigt. Damit Ihr Kind sich später gut konzentrieren und in der Schule mithalten kann, müssen ihm keine bestimmten Fähigkeiten antrainiert werden.

Denn eigentlich ist Ihr Kind ein wahrer Lernkünstler. Das erleben alle Eltern tagtäglich, ohne es sich bewusst zu machen. Aber machen Sie sich die Lernleistung Ihres Kindes einmal klar: Bis es fünf Jahre alt ist, hat es schon eine Unmenge gelernt; es hat laufen und sprechen gelernt, es hat gelernt, mit Messer und Gabel zu essen, es kann sich mittlerweile selbstständig anziehen und vieles mehr. Es hat sich vom hilflosen Baby verwandelt in eine kleine autonome Persönlichkeit, die täglich spielerisch mit Spaß, Ausdauer und Phantasie Neues hinzulernt – und zwar ganz ohne Stress.

Kinder lernen spielerisch

Wenn Sie also Ihre Kinder unterstützen und fördern, Schwächen ausgleichen und Stärken ausbauen möchten – was ja ein berechtigtes Anliegen ist –, dann denken Sie immer daran, wie gut und wie viel Kinder im Spiel und mit Spaß lernen können. Lernförderung sollte sich nicht allein auf den Kopf der Kinder beziehen. Diese Art des Lernens hat natürlich in der Schule einen wichtigen Stellenwert, aber im Vorschulalter lernen Kinder mit allen ihren Sinnen, ihrer Erfahrung und der ganzen Persönlichkeit. Wie würde wohl die Sprachfähigkeit von kleinen Kindern aussehen, wenn wir versuchten, ihnen ihre Muttersprache organisiert und mit System beizubringen? Kinder lernen mit Kopf, Herz und Hand. Sie brauchen viele Anregungen, um all ihre Möglichkeiten entfalten zu können. Sie brauchen die Freiheit, in ihrem eigenen Tempo, nach ihren Bedürfnissen lernen zu können. Und Vorschulkinder brauchen vor allem eine ganzheitliche Förderung, die auch die Sinne, Gefühle und sozialen Kompetenzen stärkt. Kinder, die auf diese Weise im Vorschulalter gefördert werden, lernen in der Schule später leichter.

Wecken Sie die Lust am Lernen

Viele Eltern machen bereits intuitiv das Richtige. Sie beschäftigen sich intensiv mit ihren Kindern, ermutigen sie, die Welt zu entdecken. Förderung braucht keine festgelegte Tageszeit oder bestimmte Programme. Sie kann spielerisch in den Alltag einfließen. Jede Mutter, jeder Vater ist dazu in der Lage. Kinder von heute müssen lernen, kreativ über unterschiedlichste Situationen und Lösungen nachzudenken. Sie müssen Ideen entwickeln können und gemeinsam mit anderen Herausforderungen bewältigen. Und sie müssen bereit und in der Lage sein, ein Leben lang zu lernen. Die Grundeinstellung dazu entwickeln sie in den ersten Lebensjahren. Helfen Sie Ihrem Kind, seine positive Lernhaltung der ersten Jahre zu stabilisieren. Wie das gelingt, erfahren Sie in diesem Ratgeber. Er hilft Ihnen, die Lernentwicklung Ihres Kindes besser zu verstehen. Gleichzeitig gibt er viele praktische Tipps und Hilfen, wie Sie Ihrem Kind Spaß am Lernen vermitteln können, seine Phantasie beflügeln, seine Konzentration, Ausdauer und Neugierde stärken können. Die praktischen Spiel- und Beschäftigungsideen sollen Ihr Kind geistig, körperlich und auch emotional fit machen. Sie alle sind schnell und leicht im Alltag umsetzbar. Nutzen Sie das Buch als Fundgrube für viele lustige, interessante und originelle Anregungen, durch die Ihr Kind spielerisch das Lernen lernt.

Ein Leben lang –
Das Geheimnis des Lernens

Das Lernen lernen

Wenn Kinder auf die Welt kommen, haben sie so einiges vor sich. Noch sind sie hilflos und können ohne den Schutz und die Fürsorge der Erwachsenen nicht leben. Um sich in dieser Welt zurechtzufinden, sich allmählich aus der Abhängigkeit der Erwachsenen lösen zu können, müssen sie lernen. Sie müssen lernen, ihre Fähigkeiten und Fertigkeiten zu entwickeln und einzusetzen. Sie müssen die Welt erforschen und Erkenntnisse gewinnen, um nicht ängstlich, ungläubig und unwissend den Erscheinungen unserer Welt gegenüberzustehen. Sie müssen soziale Verhaltensweisen und das Leben in der Gesellschaft lernen.

Kinder lernen heute in der Familie, im Kindergarten, in der Schule. Anders als früher ist das Lernen nicht irgendwann vorbei. Die Gesellschaft wandelt sich so schnell, dass das einmal Gelernte nicht mehr für ein ganzes Leben ausreicht. Kinder müssen also nicht nur vieles lernen, sie müssen vor allem auch lernen, wie man lernt.

Beim Vorschulkind wird deutlich, dass jedes Lernen, jede Erkenntnis ein Stück in die Welt hinausführt. Die Kompetenzen des Kindes werden größer. Es vertraut mehr und mehr auf seine Fähigkeiten und erweitert seinen Aktionsradius. Andererseits entstehen durch die zunehmende Selbstständigkeit neue Lernprozesse. Lernen ermöglicht Entwicklung und Fortschritt und verhilft dem Kind zu mehr und mehr Fähigkeiten. Vorschulkinder zeigen gern ihre Selbstständigkeit und Unabhängigkeit, indem sie sich zum Beispiel „erwachsenenfreie" Zonen schaffen.

Sebastian hatte jahrelang Angst vor Gewitter. Blitz und Donner jagten ihm so viel Schrecken ein, dass er Gewitternächte nur im Bett seiner Eltern verbringen konnte. Aber auch dort lag er wach und schlief erst ein, wenn das Gewitter vorüber war. Seitdem in seinem Kindergarten ein großes Wetterprojekt veranstaltet wurde, in dessen Verlauf die Kinder nicht nur Informationen zu den unterschiedlichen Naturerscheinungen erhielten, sondern sich auch spielerisch und mit allen Sinnen mit dem Thema beschäftigten, hat er ein anderes Verhältnis dazu. Er kann jetzt die Entstehung von Blitz und Donner in kindlichen Worten erklären und betrachtet vom Fenster aus die zuckenden Blitze. Er beruhigt sogar seinen Hund Bobby, der bei jedem Donner zusammenzuckt, durch liebevolles Zureden.

derselben Zeit auch nur annähernd so viel lernen: Das Vorschulkind muss sich auf den Übergang in die Schule vorbereiten. Es muss lernen, sich längere Zeit vom Elternhaus trennen zu können, es muss lernen, sich auch auf Aufgaben einzulassen, zu denen es vielleicht gerade keine große Lust hat, es muss lernen, mit vielen anderen Kindern gemeinsam in einem Klassenraum zu arbeiten, es muss lernen, längere Zeit still zu sitzen, es muss lernen, Aufgaben nicht beliebig unterbrechen zu können und vieles andere mehr. Derartige Lernerfahrungen aus den vorhergehenden Entwicklungsphasen und aus den unterschiedlichen Bereichen integriert das Kind in seine Persönlichkeit. Es wächst nicht nur äußerlich, sondern auch innerlich. Es wird reifer und gefestigter und kann die Anforderungen, die an es gestellt werden, immer besser erfüllen. Wenn sich dadurch nach und nach sein Selbstbewusstsein entwickelt, erhält es eine stabile Basis für den nächsten Lebensabschnitt.

Vielseitige Lernerfahrungen ermöglichen Kindern, neuen, unbekannten Situationen nicht hilflos gegenüber zu stehen. Sie können improvisieren, Verknüpfungen herstellen und sich so leichter zurechtfinden. Solche Lernerfahrungen stärken das Selbstbewusstsein. Kinder brauchen das.

Es warten viele Anforderungen

Jede Aufgabe, jede Anforderung, mit der ein Kind konfrontiert ist, birgt die Chance zum Lernen in sich. Aber all diese Anforderungen haben es ganz schön in sich. Stellen Sie sich einmal vor, sie müssten in

Wer lernt, weiß mehr, kann sich mehr erklären, steht den Erscheinungen der Welt aufgeschlossen und nicht etwas hilflos gegenüber.

Wie Lernen funktioniert

Wenn Ihr Kind lernt, setzt es sich aktiv mit seiner Umwelt auseinander. Es macht unendlich viele Erfahrungen. Diese Erfahrungen, seine Sinneswahrnehmungen, werden im Gehirn miteinander verknüpft. Das Kind integriert seine Erfahrungen in sein Erleben und Verhalten und entwickelt sich auf diese Weise beständig weiter, und zwar geistig, emotional und sozial.

Lernen in Portionen

Wie die Entwicklung verläuft auch das Lernen in Schüben. Es gibt Phasen, in denen Kinder schnell und viel lernen. Und dann gibt es wieder Zeiten, in denen Sie bei Ihrem Kind scheinbar keine Lernfortschritte entdecken. Das ist normal. Kinder müssen das neu Gelernte einüben, in ihr bisheriges Wissen einfügen. Wenn Sie Ihr Kind beobachten, werden Sie feststellen, dass es oft über längere Zeiten dieselben Spiele spielt. Es führt dieselben Dialoge, führt dieselben Handlungen aus. Kinder verschaffen sich so „selbst Sicherheit". Es ist ihr eigener Rhythmus, der ihnen irgendwann signalisiert: Jetzt kannst du dich anderen Dingen zuwenden. Vorher so beliebte Spiele werden scheinbar plötzlich uninteressant. In Wirklichkeit ist Ihr Kind jetzt in der Lage, sich mit anderen Themen auseinander zu setzen.

Kinder lernen durch Neugierde

Schon die allerkleinsten Kinder haben ihre individuellen Lieblingsspiele. Entdecken Sie, welches die momentanen Lieblingsspiele Ihres Kindes sind und was es wohl daran faszinierend findet.

Kinder lernen viel, ohne dass es ihnen ausdrücklich beigebracht wird. Sie sitzen, krabbeln, laufen, erfassen Gegenstände, fassen sie an, halten sie fest, sie finden sich in ihrer Wohnung, in ihrer Umgebung zurecht, sie kennen und spielen zahlreiche Spiele, sie sprechen ihre Muttersprache. Und das alles ohne Lernhemmungen. Sie nutzen intuitiv höchst erfolgreiche Lerntechniken. Die Grundlage all dessen ist die kindliche Neugierde. Alles das, worum ein Kind sich von sich aus bemüht, aus eigenem Antrieb, aus Freude, prägt sich in sein Gedächtnis ein. Dabei brauchen Kinder vor allem Zutrauen zu sich selbst, um lernen zu können.

Die bekannte Pädagogin Maria Montessori hat die Botschaft des Kindes so formuliert: „Hilf mir, es selbst zu tun." Nehmen Sie diesen Satz sehr ernst. Wie oft behandeln wir unsere Kinder wie unfähige kleine Wesen. Gerade hat Ihr Kind gelernt, sich die Schuhe anzuziehen und eine Schleife zu binden. Sie sind in Eile, bücken sich und ruckzuck - ist die Schleife schon gemacht. Mit dem Zuknöpfen der Jacke verhält es sich ähnlich. Natürlich dauern all diese Tätigkeiten, wenn Kinder sie selbst machen, etwas länger. Aber Sie verschaffen Ihrem Kind damit Erfolgserlebnisse.

Zum Lernen braucht man Freiheit

Versuchen Sie erst möglichst spät oder gar nicht, in die Lernversuche Ihres Kindes einzugreifen. Ihr Kind wird schon selbst merken, dass es nicht der richtige Schlüssel ist, den es gerade ausprobiert, um die Haustür aufzuschließen, dass der große Schlüssel nicht in das kleine Schlüsselloch passt. Jede Erfahrung, die Ihr Kind machen kann, ermöglicht später das Wiedererkennen, zum Beispiel auch in Lernsituationen. Durch seine Erfahrungen wird das Kind zum Beispiel aufmerksam auf die unterschiedlichen Formen von Schlüsseln. Es lernt, Sicherheitsschlüssel von Zimmertürschlüsseln zu unterscheiden und wird in der Regel dann nicht mehr probieren, mit dem kleinen Sicherheitsschlüssel eine Zimmertür zu verschließen. Es untersucht die unterschiedlich gefeilten Schlüssel und wird schließlich zu der Frage gelangen, wie sie gemacht wurden. So führt jede kleine Erkenntnis auf weitere Entdeckungspfade. Ihr Kind braucht zum Lernen deshalb ein

großes Maß an Freiheit: Freiheit zum Entdecken und Ausprobieren, zum Fehlermachen und zum Korrigieren von Fehlern, zum Ausleben seiner Neugierde, seiner geistigen Kräfte und Gefühle. Machen Sie sich die Lust des Kindes zunutze, das Unbekannte zu erforschen, und lassen Sie Ihrem Kind sein eigenes Tempo.

Datum	Carlas Lieblingsspiel	Carla lernt dabei
Mai ´99	Rollenspiele mit Tierfiguren	Soziales Verhalten
Oktober ´99	Puzzles	Geschicklichkeit, räumliches Denken

Was noch zum Lernen dazugehört

In den ersten Jahren seines Lebens schickt sich Ihr Kind an, die Welt zu erobern. Es macht dabei unendlich viele Erfahrungen. Es gewinnt Erkenntnisse, die ihm helfen, die Welt zu verstehen.

Baby Lena spielt mit ihrer Rassel. Lena macht Erfahrungen mit der Schwerkraft und lernt etwas über die Form und Beschaffenheit der Rassel. Sie nimmt Farbunterschiede wahr und hört das Geräusch der Rassel. Mit jedem Spiel mit der Rassel macht sie die Erfahrung, dass sie die Geräusche beeinflussen kann. Lena freut sich riesig darüber. Sie schüttelt die Rassel, hält inne und lauscht den Tönen. Sie schüttelt sie wieder und wieder und ist jedes Mal hocherfreut über den entdeckten Zusammenhang zwischen ihren Bewegungen und den Geräuschen der Rassel. Lena hat gelernt, dass sie Geräusche selbst produzieren kann. Sie wird dies auch mit anderen Spielsachen ausprobieren. Vielleicht mit dem kleinen Hampelmann mit der Glocke an der Kapuze.

Auf die Atmosphäre kommt es an
Wenn Sie Ihr Kind beobachten, stellen Sie fest, dass es ganz und gar vertieft ist in seine Tätigkeiten. Sie sehen sein entspanntes Lächeln. Lernen findet in der Natur ausschließlich in den Phasen der Entspannung statt. Der Mechanismus des Lernens ist auf eine Atmosphäre der Ver-

trautheit, der Entspannung, des Sichwohlfühlens zugeschnitten. Lernen funktioniert optimal in Situationen, in denen Kinder unbekümmert spielen und ausprobieren können, in denen sie Lustgefühle und Erfolgserlebnisse haben, die Freude versprechen. Ängstigende, stressauslösende Situationen können nicht zu guten Lernergebnissen führen. Die Erfolge fallen weitaus geringer aus als unter anderen Bedingungen. Im entspannten Zustand erproben Kinder wieder und wieder ihre Fähigkeiten. Sie verzweifeln nicht daran, wenn ein Vorhaben einmal nicht auf Anhieb klappt.

Lernen ist eine große Herausforderung, es darf ruhig mal etwas schief gehen.

Kinder lernen intuitiv

Lernen erfolgt bei Kindern noch intuitiv. Sie haben eine Lernmethode, die bestens ihren Bedürfnissen und Erfordernissen entspricht. Kinder überlegen nicht: „Wie lerne ich das jetzt am besten?" Sie tun es einfach. Kinder wollen lernen. Sie wollen die Welt entdecken und verstehen. Kinder „schlau" zu machen, heißt nicht, Übungsprogramme für sie zu entwickeln. Wichtig ist, dass Sie die Bedürfnisse Ihres Kindes erkennen. Woran hat es Interesse? Was möchte es spielen? Gehen Sie darauf ein. Nehmen Sie sich Zeit für gemeinsame Spiele. Und lassen Sie Ihr Kind an den alltäglichen Arbeiten teilhaben. Ihr Kind will die Welt verstehen lernen. Dazu gehören auch Ihre Tätigkeiten. Sprechen Sie mit Ihrem Kind, erklären Sie, was Sie gerade machen und wie Sie es tun. Die Welt ist voller interessanter Dinge, die Sie mit Ihrem Kind erforschen können.

Kinder machen in ihrem eigenen Tempo Fortschritte. Lassen Sie sich deshalb beim Spielen auf das Tempo des Kindes ein und auf seine Art, mit den Dingen umzugehen. Kinder brauchen Zeit und Ruhe, das Gelernte zu wiederholen, es anzuwenden, auszuprobieren, zu üben. Kinder wissen selbst, wann sie reif sind für die nächste Stufe. Die meisten Eltern erwarten heute von ihren Kindern, dass sie Entwicklungsziele ohne größere Schwierigkeiten erreichen. Überfordern Sie Ihr Kind nicht, indem Sie zu neuen Erfahrun-

---

Natürlich lernen – 7 Tipps

❍ Schaffen Sie Ihrem Kind eine anregende Umgebung, die es reizt, auf Entdeckungstour zu gehen.

❍ Gehen Sie auf die Interessen Ihres Kindes ein.

❍ Nehmen Sie sich Zeit für Ihr Kind.

❍ Lassen Sie Ihr Kind an Ihren alltäglichen Hausarbeiten teilhaben.

❍ Erklären Sie Ihrem Kind alles, auch wenn es manchmal schwer fällt.

❍ Denken Sie an Ihre eigene Vorbildrolle.

❍ Respektieren Sie das eigene Tempo, den eigenen Rhythmus Ihres Kindes.

---

gen drängen, weil der Sohn Ihrer besten Freundin oder die Tochter des Kollegen das alles schon kann. Ihr Kind lernt ohne Zwang, ohne Druck am erfolgreichsten. Dafür braucht es Spaß und Abwechslung. Ein kontinuierlicher, liebevoller Dialog mit Mutter und Vater oder anderen Bezugspersonen ist in den ersten Lebensjahren die beste Voraussetzung, das Lernen zu lernen.

Leistung darf Spaß machen

Ein Kind, das lernt, vollbringt eine Leistung. Leistung bedeutet viel mehr, als schulisches Fachwissen wiedergeben zu können. Auch im ganz normalen Alltag vollbringen Kinder Leistungen, wenn sie lernen, mit dem Fahrrad zu fahren, aber auch, wenn ein Kind sich an den neuen Partner seiner Mutter gewöhnt. Leistung bedeutet, Lernprozesse zu vollziehen, um mit den Anforderungen zurechtzukommen, die der Alltag stellt.

Mit Spiel und Spaß –
Wie Kinder lernen

Eine Welt voller Rätsel

Für Kinder ist die Welt voller Rätsel. Um sich in ihr zurechtzufinden, ist es für sie lebensnotwendig, diese Rätsel zu ergründen. Kinder sind deshalb in ihrer Wissbegier unermüdlich und an allem interessiert. Sie zupfen an den Saiten der Gitarre des Bruders, probieren die Blockflöte der großen Schwester aus, sind fasziniert von den Tasten des Computers, von Küchenmaschinen und sämtlichen anderen Dingen. Einschränkungen wie „Lass das, das geht kaputt" oder „Das verstehst du noch nicht" sind für Kinder frustrierend. Es gibt keine allgemeingültigen Normen, ab wann Kinder etwas verstehen, und den richtigen Umgang mit bestimmten Gegenständen kann auch ein Vorschulkind schon lernen. Fördern Sie das Interesse Ihres Kindes. Erklären Sie in einfachen Worten, was für einen Gegenstand es vor sich hat und was der bewirkt.

Lassen Sie Ihr Kind forschen

Eltern wundern sich manchmal, was Kindern alles auffällt. Vorschulkinder haben ein enormes Interesse daran, mit Werkzeugen, Maschinen und technischen Geräten zu experimentieren. Trauen Sie Ihrem Kind etwas zu, denn es kann den sachgerechten und vorsichtigen Umgang mit Stereoanlagen und anderen elektronischen Geräten durchaus erlernen. Zeigen Sie ihm, wie Geräte bedient werden, was möglicherweise gefährlich ist und weshalb es diese Geräte nicht allein bedienen darf. Kinder können oft mehr, als wir ihnen gemeinhin zutrauen, und sie können plausible Begründungen durchaus nachvollziehen. So fühlen Kinder sich in ihrem Interesse ernst genommen und lernen gleichzeitig, gewisse Grenzen zu akzeptieren.

Neugier ist der beste Motor

Kinder sind von Natur aus wissbegierig. Sie wollen neue Dinge kennen lernen und mit ihnen experimentieren. Dabei beschränkt sich ihre Wissbegier natürlich nicht auf ihre unmittelbare Lebenswelt. Weil Kinder nicht alles allein erkunden können, sind sie auf die helfende Hand des Erwachsenen angewiesen, als Lehrer und „Erklärer". Wie wäre es beispielsweise mit einem Ausflug zum Flughafen? Hier kann Ihr Kind spannende, neue Dinge aus unmittelbarer Nähe betrachten. Erleben Sie Start und Landung, schauen Sie in der Abfertigungshalle die verschiedenen Schalter an. Wieso werden die Koffer gewogen? Wohin führt das Band? Wie bekommt jeder seinen eigenen Koffer wieder? Für Kinder ergeben sich unzählige Fragen, die oft hinterher in ihren Spielen wieder auftauchen.

Der fünfjährige Ole besucht einen Flughafen. Daraufhin beschäftigt er sich tagelang mit der Weltkarte. Er entdeckt mit Hilfe seiner Mutter Afrika und Amerika auf der Karte und entwickelt nach und nach ein spezielles Interesse an Indianern. Er will alles wissen, was es darüber zu wissen gibt und steckt auch seine Freunde und Erzieherinnen im Kindergarten mit seiner neuen Leidenschaft an. Im Kindergarten entsteht ein Indianerprojekt. Es wird gespielt, gebastelt, genäht und die Kinder lernen über viele Wochen, wie die Indianer gelebt haben. Ole hat sich ganz selbstständig ein weiteres Stück der Welt zu Eigen gemacht. Seine Eltern haben ihm dabei geholfen, weil sie ihm wichtige Informationsquellen zur Verfügung gestellt haben und vor seinen Fragen nicht zurückgeschreckt sind.

Die Wissbegier stillen

Kinder, die neugierig sind, die Interesse haben an der Welt, lernen in der Schule leichter. Sie haben gelernt, Fragen zu stellen, Dinge in Frage zu stellen und nach Ursachen und Erklärungen zu forschen. Sie haben gelernt und sich darin geübt, sich aktiv mit der Welt, mit Lerngegenständen auseinander zu setzen. Neugierde braucht Nahrung, damit sie wachsen kann. Sie als Eltern sollten dafür sorgen, dass die Nahrung nicht ausgeht. Kinder,

die in ihrem wissbegierigen, forschenden Verhalten eingeschränkt werden, zügeln ihre Neugier, sie verlieren das Interesse. Die Welt hat für sie keinen großen Reiz mehr. Wer immer wieder erfährt: „Das ist noch nichts für dich, das ist zu gefährlich, zu schwierig", wird das Gefühl entwickeln, die Welt sei voller verborgener Fallen und Gefahren, vor denen man sich in Acht nehmen muss. Die Neugier und Wissbegier von Kindern wieder zu wecken, die eine solche Haltung entwickelt haben, ist ein mühseliges, nicht immer erfolgreiches Unterfangen.

Das können Kinder und Eltern gemeinsam erforschen

- ❍ Wir entdecken unseren Ferienort: Wo ist der Supermarkt? Was ist hier anders? Wie sieht's denn hier aus? etc.
- ❍ Das Sparbuch in der Bank: Geld einzahlen und abheben. Wo ist der Tresor? Was macht die Bank mit dem vielen Geld? etc.
- ❍ Elektrisches Spielzeug: Wie funktioniert das ferngesteuerte Auto, die elektrische Eisenbahn? etc.
- ❍ Der Bahnhof: Wie funktioniert der Fahrplan? Wer arbeitet hier? Wie funktioniert ein Zug? etc.
- ❍ Wie funktioniert eine Schleuse?
- ❍ Wie kommt die Milch in die Tüte?
- ❍ Wo bleibt mein Badewasser? etc.

Kinder lernen spielerisch

Warum spielen Kinder? Spielen ist lebenswichtig. Im Spiel erobern sich Kinder ihre Umwelt spielend leicht. Sie erwerben Wissen und machen Erfahrungen, die für ihr weiteres Leben von grundlegender Bedeutung sind. Auf der sachlichen Ebene erwirbt ein Kind im Spiel konkretes Wissen und gewinnt Sachkompetenz. Auf der personalen Ebene macht es Erfahrungen im Umgang mit sich selbst und gewinnt Selbstvertrauen. Auf der sozialen Ebene lernt es den Umgang mit anderen. Spielen und Lernen stehen also in einem direkten Zusammenhang. Spielen ist entwicklungsfördernd. Während Kinder mit den unterschiedlichsten Dingen hantieren, sind die realen praktischen Handlungen eng mit den geistigen Handlungen verflochten. Kein außenstehender Beobachter kann sagen, ob das Kind gerade mehr spielt oder mehr lernt. Kinder üben den Umgang mit Werkzeugen und Materialien, sie gewinnen Erkenntnisse und gehen ganz selbstverständlich damit um. Sie lernen Handlungen in der richtigen Reihenfolge auszuführen, sie lernen sich anderen Kindern gegenüber verständlich auszudrücken, Regeln abzusprechen und einzuhalten.

Spielen heißt Experimentieren

Kinder sind im Spiel unentwegt am Forschen, Experimentieren, Untersuchen und Probieren. Sie beobachten aufmerksam und hören aufmerksam zu. Sie gehen spielerisch mit Dingen und Gedanken um und haben immer wieder Aha-Erlebnisse. Diese Aha-Erlebnisse schaffen ein tieferes Verstehen der Welt. Sie kommen zustande durch persönliche Erfahrung, durch Versuch und Irrtum, durch eigenständiges Handeln. Es ist wie bei Naturwissenschaftlern, die gewohnt sind, Erkenntnisse durch Experimente zu gewinnen, durch Beobachten, durch „Spiel" im weitesten Sinne. Jede neue Erkenntnis wirft eine weitere Frage auf, verweist auf neue Bereiche, die geradezu darauf warten, entdeckt zu werden. Diese Lerneffekte katapultieren das Spiel der Kinder auf eine höhere Stufe. Sie gewinnen neue Möglichkeiten, lernen Neues dazu. Spielen und Lernen sind in einem sich ständig wechselseitig beeinflussenden Prozess.

Spielen – ich und die Welt

Moritz spielt gern mit Knete. Er mag das Gefühl, wenn die Knetmasse in seinen Händen allmählich warm und weich wird. Er drückt und formt und stellt immer wieder neue Figuren her. Er spürt dabei eine innige Verbindung zwischen Händen und Knetmasse. Und er erlebt, dass aus dieser Verbindung ständig neue Objekte entstehen können.

Im Spiel kann sich das Kind mit seiner Umwelt auseinander setzen, sie mit allen Sinnen erfahren. Die Phantasie wird beflügelt, Konzentration und Ausdauer werden gestärkt, und Ihr Kind erfährt in hohem Maße eine emotionale Befriedigung.

Kinder spielen häufig sehr konzentriert und intensiv, vergessen alles um sich herum. Weil stets die ganze kleine Persönlichkeit beteiligt ist, sind Kinder nach intensivem Spiel häufig total erschöpft und freuen sich über eine kurze Entspannungspause.

Rollenspiele – Modelle der Wirklichkeit

Johanna ist Feuerwehrchefin. Sie trommelt ihre beiden Kolleginnen zusammen und ab geht's im Feuerwehrauto zur Brandstelle. Johanna darf den Einsatz leiten. Zuerst wagt sie sich mit Lea und Barbara in den Eingang des brennenden Hauses, um zu sehen, ob noch Menschen zu retten sind. Erst danach beginnen sie mit dem Löschen. „Mama", ruft Lea, „dürfen wir den Wasserschlauch nehmen? Hier muss dringend ein Haus gelöscht werden!"...

Rollenspiele sind für Kinder Modelle der Wirklichkeit. Sie haben den Vorteil, dass Kinder den wirklichen Gefahren oder Konflikten ihrer Umwelt noch nicht ausgesetzt sind, sich aber dennoch mit der Wirklichkeit auseinander setzen können. In unserem Feuerwehrbeispiel erkennen Johanna, Lea und Barbara wichtige Zusammenhänge und Wechselwirkungen der Welt. Sie erfahren etwas über grundlegende Muster unseres Zusammenlebens.

Lassen Sie Ihr Kind die Spielregeln bestimmen

Die fünfjährige Hanna puzzelt mit Hingabe. Dabei arbeitet sie meist an mehreren Bildteilen gleichzeitig und braucht dann viel Zeit, alles richtig zusammenzufügen. Ihr Vater will ihr zeigen, dass „man" am sinnvollsten mit den Eck- und Außenkanten beginnt. Als sie das nächste Mal gemeinsam puzzeln und sie wieder beginnt, sich Teile hinzulegen, schiebt ihr Vater die Teile zur Seite und sagt: „Such mal zuerst die Randteile, dann kommst du viel schneller voran." Hanna stutzt, geht aber zunächst auf den Vorschlag des Vaters ein. Sie stapelt Randteile, hat aber offensichtlich keine große Lust, diese richtig hinzulegen. Ihr Vater macht es ihr mehrmals vor. Hanna verliert nun gänzlich das Interesse und wendet sich einer anderen Beschäftigung zu.

Kinder lernen nur dann im Spiel, wenn es wirklich ihr Spiel ist, unreglementiert und ohne Zwang. Hingebungsvoll und hartnäckig lösen sie die kniffeligsten Probleme. Spiel, durch die pädagogischen Absichten des Erwachsenen geleitet, verschüttet nur zu leicht die kreativen, schöpferischen Anteile des Kindes. Wenn Sie mit Ihrem Kind spielen, lassen Sie sich deshalb voll und ganz auf seine Bedürfnisse ein. Natürlich dürfen Sie auch Vorschläge und Ideen einbringen – als Mitspielerin, nicht als Pädagogin. Hannas Vater hätte zum Beispiel vorschlagen können, dass er mit den Randteilen beginnen könne, ohne seiner Tochter diesen Weg aufzudrängen.

Kinder lernen durch Erfahrungen

Rasmus will tuschen. Er weiß, was er vorbereiten muss, wenn er in seinem Zimmer tuscht. Er legt eine kleine Plastikdecke über seinen Tisch und holt vorsichtig Wasser aus dem Badezimmer. Er hat das oft geübt und schafft es inzwischen, ohne die Flüssigkeit zu verschütten. Er reißt selbst ein Blatt von seinem großen Malblock, was meistens gelingt, wenn auch nicht immer, und klappt den Tuschkasten auf. Anfangs nimmt er rote Farbe, entschließt sich dann aber, doch erst den Himmel zu malen. Als er den Pinsel ins Wasser taucht, beobachtet er versonnen, wie sich das Wasser färbt. Das fasziniert ihn heute mehr als das Malen. Er bringt das Wasser weg, holt neues und lässt das Wasser dieses Mal grün werden. Beim dritten Mal mischt er eine zweite Farbe hinzu und beobachtet, wie sich die Farben mischen. Am Ende hat er zwar nichts gemalt, aber dafür eine Menge wichtiger Entdeckungen gemacht.

Kinder sind geborene Forscher und Entdecker. Die scheinbar so verworrene, komplizierte Welt fordert sie heraus. Sie sind offen, empfänglich und aufmerksam. Sie beobachten und lassen alles auf sich einwirken. Sie experimentieren mit allem, was in ihre Hände gerät. Sie prüfen den Geschmack, den Geruch, das Gewicht. Sie befühlen, biegen und brechen Materialien. Dabei machen sie mit Vergnügen und ganz spontan physikalische Experimente. Sie üben sich in Mathematik und besprechen mit großem Ernst die Probleme von Polizei und Feuerwehr. Sie machen sich zum Großteil selber schlau, wenn man sie nur lässt.

Jede Erfahrung findet ihren Weg ins Denken. Um das Denken zu entfalten, brauchen Kinder deshalb eine Fülle an Erfahrungen. Erfahrungen, die es ihnen ermöglichen, die Welt gründlich kennen zu lernen. Die Zeit vor der Schule ist dabei eine sehr empfängliche Zeit fürs Lernen. Zum Lernen und Entdecken gehört jedoch ein großes Maß an Freiheit, damit Phantasie, Einfallsreichtum, Schaffenskraft und Entwicklungsfähigkeit sich voll entfalten können.

In heutiger Zeit können Kinder viele Erfahrungen nicht mehr machen, die Generationen von Kindern vorher noch möglich waren, die aber dennoch unverzichtbar für die Entwicklung und für das spätere Lernen sind. Auch vieles von dem, was Kindern früher abgefordert wurde, ist heute aus ihrem Leben verschwunden. Arbeitsteilung und technisierte Gesellschaft haben das bewirkt. Die meisten Kinder wachsen in Wohnungen mit zu kleinen Kinderzimmern, in zubetonierten Städten mit dichtem Verkehr auf. Gefahrloses Spielen auf der Straße ist nicht mehr möglich. Natur und Umwelt können nicht mehr spielerisch entdeckt und erforscht werden. Wie viele Kinder haben heutzutage schon eine leibhaftige Kuh gesehen? Umwelterfahrungen erweitern die Phantasie, regen kreatives Denken an. Erfahrungen aus zweiter Hand, durch Fernsehen und Video können die realen Erfahrungen nicht ersetzen. Stundenlanges Stillsitzen vor dem Fernsehgerät beansprucht einseitig den visuellen Lernkanal. Deshalb brauchen Kinder heute Hilfe zur Selbstentwicklung.

Entdecken statt Fernsehen

Begrenzen Sie die Fernsehzeiten und schalten Sie das Gerät häufiger mal aus. Geben Sie Ihrem Kind die Möglichkeit, auch mit Alltagsdingen Erfahrungen zu machen. Stellen Sie eine Entdeckerkiste zusammen mit nicht mehr verwendeten technischen Materialien und Geräten. Jungen wie Mädchen sollten die Möglichkeit haben, alte Uhren, Telefone, Spielzeugautos oder andere Dinge auseinander zu nehmen. Vermeiden Sie Ratschläge, wie Ihre Kinder dabei am besten vorgehen sollten, denn Ratschläge verhindern meist eigene Entdeckungen. Benutzen Sie zum Basteln nicht nur die gängigen Materialien. Besorgen Sie unterschiedliche Stoffreste, Hölzer, Korken und andere Naturmaterialien, mit denen Ihr Kind spielen und basteln kann.

Interessante Besuche

Ermöglichen Sie Ihrem Kind Erfahrungen, die heute nicht mehr selbstverständlich sind. Gehen Sie in Museen, in Kunstausstellungen, in den Zoo, den botanischen Garten. Besuchen Sie die Sternwarte, den Hafen und den Flughafen, einen Bauernhof oder andere spannende Orte. Zeigen Sie Ihren Kindern, wo Sie arbeiten, und nehmen Sie sie von Zeit zu Zeit mit, wenn das möglich ist. Besuchen Sie Menschen mit interessanten Berufen und Beschäftigungen. Sprechen Sie mit Ihrem Kind über die Erfahrungen und Erlebnisse, so helfen Sie ihm, das Ganze zu verarbeiten und regen die geistige Entwicklung an.

Spannende Experimente

Viele Fragen regen zu Experimenten an. Liefern Sie nicht vorschnell eine Erklärung, wenn das Kind die Antwort selbst entdecken kann. Kinder können Pflanzen einsäen und das Wachstum beobachten. Kinder können mit Windkraft, Sand und Wasser experimentieren. Sie können feststellen, was schwimmt und was sinkt. Und vieles andere mehr.

Spiele zum Forschen und Entdecken

Luftspiele

So kräftig ist die Luft!

○ Spannen Sie eine durchsichtige Plastikfolie über ein leeres Marmeladenglas und befestigen Sie sie mit einem Gummiband. Nun kann Ihr Kind einmal versuchen, das Glas im gefüllten Waschbecken oder in der Badewanne auf den Boden zu drücken. Was kann es fühlen? Jetzt kann es das Glas unter Wasser halten und gleichzeitig durchbohren Sie die Folie. Was passiert, bevor das Wasser hineinfließt? Fühlt es sich unterschiedlich an, wenn wir ein Glas ohne Folie unter Wasser drücken, und weshalb?

○ Ihr Kind nimmt ein Stück geknülltes Zeitungspapier und legt es in einen Glaskrug, ein Einmachglas oder Ähnliches. Dann dreht es das Glas um und taucht es für einige Sekunden mit der Öffnung nach unten in eine Schüssel mit Wasser. Zu seiner Überraschung wird es feststellen, dass das Papier durch die Luft im Glas trocken geblieben ist. Legen Sie anschließend das Glas seitlich in die Wasserschüssel, damit Ihr Kind beobachten kann, wie die Luftblasen, die entweichen, aufsteigen.

○ Nehmen Sie zwei gleiche Dosen Fruchtsaft. Lassen Sie Ihr Kind in eine Dose ein Loch machen, in die andere zwei Löcher. Beobachten Sie, welche Dose schneller leer wird.

Wenn Sie schon Experimente mit Luft gemacht haben, wird Ihr Kind die Erklärung finden.

○ Zischballon: Lassen Sie Ihr Kind Luftballons aufblasen. Beim Loslassen entweicht die Luft und die Ballons sausen durchs Zimmer. Düsenflugzeuge funktionieren nach dem gleichen Prinzip.

Wie fliegt was?

Nehmen Sie zum nächsten Spaziergang unterschiedliche Sachen mit, die Sie fliegen lassen wollen: Korken, kleine Steinchen, verschiedene Papiersorten, stabiles Spielzeug, Schrauben, Nägel, eine Feder etc. Suchen Sie auf dem Spielplatz das höchste Klettergerüst oder im Wald einen Hochsitz und lassen Sie die Dinge von oben nach unten fliegen. Was fliegt schnell, was fliegt langsam? Woran liegt das? Basteln Sie Fallschirme, improvisieren Sie gemeinsam!

Gegenstände mit Luft bewegen

Stellen Sie Seidenpapier, kleine Gegenstände wie Erbsen, Linsen, Sand, Papierfetzen, Strohhalme, Untertassen bereit.

○ Ihr Kind hält ein Stück Seidenpapier dicht vor sein Gesicht. Fragen Sie, ob es das Papier in Bewegung bringen kann, ohne es anzufassen. Was ist, wenn man dagegen bläst? Lässt das Papier sich auch in die andere Richtung bewegen?

○ Machen Sie ein lustiges Wettspiel, indem Sie mit Hilfe eines Strohhalmes Trockenerbsen von einem Teller auf den anderen transportieren. Machen Sie die Strohhalmprobe: Wie lassen sich Milch, Saft, Brause durch den Strohhalm saugen?

○ Zerlegen Sie Ihren Staubsauger und erklären Sie die Einzelteile. Breiten Sie kleine Gegenstände auf dem Fußboden aus und lassen Sie sie von Ihrem Kind aufsaugen. Überlegen Sie gemeinsam: Was ist stärker, blasen oder saugen? An welchem Ende saugt der Staubsauger die Luft ein, an welchem Ende bläst er sie aus?

Rätsel

Ohne Flügel kann er fliegen,
und wenn der Pilot will,
steht er in der Luft ganz still.

(Der Hubschrauber)

Er hat keine Beine, keine
Strümpfe, keine Schuh,
husch, saust er um die Ecke,
ums Haus und macht: Puh!

(Der Wind)

Wer kann erraten, wen ich meine?
Er ist ganz rund, hängt an 'ner Leine.
Lässt du ihn los, dann fliegt er fort,
hoch in die Luft, von Ort zu Ort.
Und drückst du drauf, auf jeden Fall
zerplatzt er mit 'nem lauten Knall.

(Der Luftballon)

Naturspiele

Die Natur entdecken

Machen Sie mit Ihrem Kind so häufig wie möglich Spaziergänge und beobachten Sie dabei Pflanzen und Tiere.

❍ Sammeln Sie Blätter, Baumrinde, Moos, Stöckchen, Kastanien, kleine Steinchen und andere interessante Dinge. Untersuchen Sie zu Hause alles. Was fühlt sich glatt, was rau an? Was glänzt, was ist matt, was ist schwer, was leicht, was hat die gleiche Größe? All diese Untersuchungen tragen zur Sensibilität und Beobachtungsfähigkeit Ihres Kindes bei und fördern nebenbei seine Fähigkeit, zu ordnen und zu klassifizieren.

❍ Zeigen Sie Ihrem Kind, wie sich die Natur im Frühling, Sommer, Herbst und Winter verändert. Welche Tiere sehen wir im Sommer? Was macht der Igel im Winter? Wohin fliegen Schwalben und Störche, wenn es bei uns kalt wird?

❍ Betrachten Sie die unterschiedlichen Bäume Ihrer Heimat, wie heißen sie, woran kann man sie unterscheiden?

Wie wachsen die Pflanzen?

❍ Kaufen Sie mit Ihrem Kind verschiedene Pflanzensamen, beispielsweise Kresse, Kohl, Gras, Wicken, Kapuzinerkresse und Sonnenblumen.

❍ Nun braucht Ihr Kind einige kleine Blumentöpfchen oder Joghurtbecher, in deren Boden es mit Ihrer Hilfe ein paar kleine Löcher bohrt. Die Töpfe werden mit Erde gefüllt. Dann kann Ihr Kind jeweils mehrere Samenkörner einer Sorte hineindrücken. Beschriften Sie die Töpfchen gemeinsam und besprechen Sie mit Ihrem Kind, dass die Samen sparsam, aber regelmäßig gegossen werden müssen. Schon nach wenigen Tagen können Sie mit Ihrem Kind das Wachstum der Pflanzen beobachten. Bitten Sie Ihr Kind, die Verantwortung für die Pflänzchen zu übernehmen und begleiten Sie es bei dieser schwierigen Aufgabe.

Die Bohne im Gips

Gießen Sie mit Ihrem Kind frisch angerührten Gips in einen Blumentopf und stecken Sie eine Bohne in den noch flüssigen Brei. Nach einiger Zeit bahnt sich die keimende Bohne den Weg durch den hart gewordenen Gips und bricht ihn auf. Das ist für Große und Kleine ein beeindruckendes Erlebnis.

Sandspiele

Ein Bild aus Sand malen

○ Lassen Sie Ihr Kind herausfinden, wie man mit Sand und Wasser malen kann. Stellen Sie ihm dazu folgendes Material zur Verfügung: trockenen Sand, ein Sieb, einen Schuhkarton oder flachen Deckel, Papier, Klebstoff, leere Plastikflaschen mit engem Verschluss.

○ Lassen Sie es dann aus den mit Wasser gefüllten Plastikflaschen Wörter schreiben oder Bilder malen.

○ Das Kind kann die Plastikflaschen auch mit trockenem Sand füllen und damit auf nassem Sand schreiben.

○ Ihr Kind malt mit dem Klebstoff ein Bild oder Muster auf ein Papier. Anschließend lässt es Sand darüber rieseln und schüttelt den losen Sand ab. Dann kann das Kind mit geschlossenen Augen mit dem Finger das Bild nachfahren.

Sand macht Geräusche

Stellen Sie trockenen Sand, einen Joghurtbecher, Klebeband, leere Plastikflaschen, Blechdosen mit Deckeln, Farben zum Bemalen bereit.

○ Ihr Kind lässt zunächst Sand durch seine Finger rieseln. Kann es das hören? Macht es einen Unterschied, ob der Sand in eine Pappkiste, eine Blechdose oder in einen Topf rieselt? Wie klingt es, wenn die Behälter mit dem Sand geschüttelt werden?

○ Nun kann das Kind einen Joghurtbecher oder eine kleine Blechdose mit Sand füllen und verschließen. Welche Geräusche sind jetzt zu hören, wenn die Behälter geschüttelt werden? Malen sie die Sandrasseln an.

○ Nehmen Sie die unterschiedlichen Geräusche auf Kassettenrecorder auf.

Wasserspiele

○ Halten Sie im Badezimmer einen Korb mit verschiedenen Badespielsachen bereit: kleine Schiffe zum Beladen, eine Gießkanne, leere, durchsichtige Shampooflaschen, verschieden dicke Schläuche zum Wasser-Durchpusten und Blasen-Machen, Korken, Holz, Murmeln zum Beladen der Schiffe, eine Taucherbrille.

○ Ihr Kind füllt einen Esslöffel Wasser auf einen flachen Teller und stellt ihn an einen warmen Ort. Beobachten Sie gemeinsam, was mit dem Wasser geschieht. Stellen Sie drei Teller nebeneinander: ein Löffel Wasser auf den ersten, zwei auf den zweiten, drei auf den dritten Teller. Beeinflusst die Flüssigkeitsmenge die Verdunstungszeit?

○ Ihr Kind füllt ein kleines Glas bis zum Rand mit Wasser, rührt ganz vorsichtig mit einer dünnen gebogenen Büroklammer ungefähr zwei Esslöffel Zucker oder Salz ein. Warum läuft das Wasser nicht über? Es erkennt: Zucker und Salz lösen sich auf. Lassen Sie es den Versuch mit Sand wiederholen.

Kinder lernen durch Nachahmung

Eltern stellen oft fest, dass ihr Kind wie der Papa spricht oder sich wie die Mama bewegt. Das ist nicht etwa angeboren. Alles Verhalten, das ihr Kind regelmäßig zu sehen oder hören bekommt, wird es im Laufe der Zeit zu imitieren versuchen. Kinder sind sehr aufmerksame Beobachter. Sie räumen die Spülmaschine ein und aus wie die Mama, geben die gleichen Kommentare dazu, sie mähen genauso Rasen, fahren Auto etc.

Auch seine Muttersprache lernt Ihr Kind durch Imitation: Wortwahl, Tonfall, Grammatik. Es lernt zu singen, zu musizieren. Es lernt Spiele und unterschiedliche Sportarten. Und bei allem sind Sie sein Vorbild.

Sie sind das erste Vorbild

Lesen Sie viel, wird es dies nachahmen. Es setzt sich auch mit einem Bilderbuch gemütlich hin. Vielleicht hält es das Buch dabei zunächst noch verkehrt herum. Später liest es seinen Puppen und Teddys aus Büchern vor. Sieht es Sie oft schreiben, wird es dies auch bald ausprobieren wollen. Selbstverständlich imitiert es auch Ihren Umgang mit den Medien. Sehen Sie viel fern, zappen Sie, lesen Sie Zeitungen, arbeiten oder spielen Sie am Computer? Sie sind der erste Lehrer und Vorbild Ihres Kindes. Verbannen Sie es deshalb nicht aus Werkstatt und Arbeitszimmer. Es kann so viel von Ihnen lernen. Geben Sie ihm auch etwas zu hämmern und zu feilen oder stellen Sie ihm einen kleinen Tisch ins Arbeitszimmer, an dem es auch „arbeiten" kann, während Sie am Schreibtisch sitzen. Lassen Sie es abwaschen und Wäsche sortieren und all das tun, woran es gefahrlos teilhaben kann.

Alltag spielen – Alltag lernen

Tanja spielt mit einigen Freundinnen und Freunden im Kinderzimmer. Als plötzlich ein Geschrei beginnt, läuft ihre Mutter erschreckt hin. Simon, der kleine Nachbarsjunge, „weint". Aber es ist in Wirklichkeit nichts passiert. Die Gruppe spielt „Mutter und Kind". Tanja nimmt Simon in den Arm und redet liebevoll auf ihn ein: „ Ich puste mal am Kopf. Gleich tut es nicht mehr weh. Komm, ich les' dir eine Geschichte vor." Sie setzen sich hin, Tanja sucht ein Bilderbuch aus und erzählt dazu.

Imitation ist auch ein Rollenspiel. Im Rollenspiel ahmt das Kind seine Umwelt nach. Es erprobt Fähigkeiten, die es später im Leben braucht. Mit zunehmender Beherrschung der Sprache und ausgeprägterem Denk- und Vorstellungsvermögen werden nicht nur Tätigkeiten nachgeahmt, sondern auch soziale Beziehungen. Kinder können erstaunlich genau den Sprachstil anderer Personen, ihre Mimik und Gestik imitieren und soziale Situationen nachspielen. Dabei lieben sie es, ihre Rollen möglichst realitätsgetreu einzunehmen. Deshalb ist die Verkleidungskiste ein unentbehrliches Requisit. Durch die Imitation anderen Verhaltens lernen Kinder, die Perspektive zu wechseln, andere Verhaltensweisen einzuüben und zu verstehen. Das ist eine wichtige soziale Fähigkeit für das spätere Lernen in der Gemeinschaft mit anderen, in der Schule, wenn gefordert wird, auf andere einzugehen, andere Kinder zu verstehen. Welche Rollen nimmt Ihr Kind gerne ein? An den bevorzugt ausgewählten Rollen können Sie erkennen, mit welcher Person, mit welchem Verhalten es sich zur Zeit am meisten auseinander setzt. Die Kinderrolle beim Mutter-Vater-Kind-Spiel ist immer die unbeliebteste, weil sie weitaus weniger Möglichkeiten bietet als die anderen Rollen. Kinder können Rollen so intensiv erleben, dass sie auch die dazugehörigen Gefühle wie Freude oder Ärger empfinden. Während des Spiels behalten sie aber auch die Rollen der anderen Kinder im Blick: „Die Mutter muss das so machen …" wird zwischendurch korrigierend in das Spiel der anderen eingegriffen.

Spielen Sie mit

Machen Sie sich das Lernen über Imitation zunutze und regen Sie Ihr Kind zu Rollenspielen an. Stellen Sie eine Verkleidungskiste zusammen, die auch Kleidungsstücke von Ihnen und von Oma und Opa enthält. Und wenn Ihr Kind Sie zu Rollenspielen auffordert, spielen Sie mit oder seien Sie interessierter Zuschauer. Entdecken Sie die „Lernmöglichkeiten", die so ein Spiel beinhaltet. Ein Kind, das die Gelegenheit hat, seine Eltern häufig zum Einkaufen zu begleiten, wird dies zum Beispiel gerne nachspielen. Spielen Sie mit Ihrem Kind, wie Sie vorher einen Einkaufszettel schreiben, wie Sie Preise vergleichen. Denken Sie im Spiel laut, damit Ihr Kind den Sinn Ihrer Handlungen erfährt. Und bezahlen Sie auch für die eingekauften Waren. Überlassen Sie Ihrem Kind, ob es lieber Käufer oder Verkäufer sein möchte. Aus beiden Rollen gewinnt es Sicherheit.

Rollenspiel-Themen

○ Haushalt: Essen kochen, waschen, putzen
○ Garten: Rasen mähen, Holz hacken, pflanzen, säen
○ Beruf: Tätigkeiten aus den elterlichen Berufen
○ Familie: Besuch von Freunden und Verwandten
○ Einkaufen
○ Reisen mit dem Auto, der Bahn, dem Flugzeug, dem Bus
○ Polizei, Feuerwehr
○ Feste feiern

Kinder lernen mit der rechten und der linken Gehirnhälfte

Kinder, die Freude am Lernen haben, sind im Allgemeinen sehr erfolgreich und zu immer neuen Leistungen und Entdeckungen motiviert. Eine wesentliche Voraussetzung für erfolgreiches Lernen ist das gute Funktionieren unseres Gehirns. Die Ergebnisse der Hirnforschung der letzten 20 Jahre machen deutlich, dass Lernen nur gut funktioniert, wenn beide Gehirnhälften zusammenarbeiten.

Die Verknüpfung muss stimmen

Unser Gehirn gleicht äußerlich einer Walnuss. Seine beiden Hälften sehen auf den ersten Blick ziemlich ähnlich aus. Dennoch haben sie völlig unterschiedliche Aufgaben. Zunächst einmal ist die rechte Gehirnhälfte für die komplette linke Körperseite zuständig und die linke Hälfte für die rechte Körperseite. Winkt Ihr Kind Ihnen mit der rechten Hand morgens hinterher, so kommt der „Befehl" dazu aus der linken Hirnhälfte. Schaut es mit dem linken Auge durchs Schlüsselloch, ist dafür die rechte Hirnhälfte verantwortlich. Die beiden Hirnhälften sind durch ein dickes Nervenbündel miteinander verbunden, dem „Corpus Callosum". Dieses Corpus Callosum ist die entscheidende Kommunikationsbrücke, denn auf ihm gelangen Informationen aus der einen Hirnhälfte in die andere und umgekehrt. Es findet ein reger Austausch statt. Zum Leben und Lernen ist das immens wichtig, denn wir brauchen die Fähigkeiten beider Hirnhälften, weil sie ganz unterschiedlich spezialisiert sind.

Links analytisch, rechts ganzheitlich

Die linke Hälfte ist die analytische, die eher mathematisch-logisch vorgeht und planvoll handelt. Die rechte Seite ist unser Reflexgehirn, mit dem wir zum Beispiel Gefühle, Töne und Bewegungen verarbeiten und in dem ganzheitliche Eindrücke vorherrschen. Jede Gehirnhälfte hat eine ganz besondere Art, die Reize aus der Umwelt zu verarbeiten. Das führt zu ganz unterschiedlichen Denk- und Herangehensweisen. Die linke Hälfte geht vom Teil zum Ganzen, die rechte Hälfte dagegen vom Ganzen zum Teil.

> Wenn Ihr Kind Schwierigkeiten beim Puzzeln hat, betrachten Sie mit ihm vorher ausgiebig das ganze Bild und besprechen dazu, was alles zu sehen ist.

Kinder und Erwachsene benutzen in der Regel eine Gehirnhälfte bevorzugt. Weil beiden Hälften unterschiedliche Bewusstseinsformen zugrunde liegen, kann man Kindern anmerken, ob sie rechtshemisphärisch oder linkshemisphärisch sind. Rechtshemisphärische Kinder sind zum Beispiel eher intuitiv, haben ein eher schlechtes Zeitgefühl, benutzen ihre Phantasie. Linkshemisphärische Kinder zum Beispiel sind organisiert, können gut logisch denken, haben einen großen Wortschatz und ein gutes Gefühl für Zeit.

Lernblockaden verhindern

Die freie Fahrt zwischen den Hirnhälften auf der „Corpus Callosum-Brücke" ent-

Übungen, die die Brücke zwischen rechter und linker Gehirnhälfte wieder öffnen und so das Lernen leichter machen können. Wenn Sie merken, dass Ihr Kind bei anstrengenden Aufgaben blockiert ist, machen sie mit ihm folgende Übungen. Bei beiden Übungen kreuzt das Kind ständig die Mittellinie.

Bei den Überkreuzbewegungen geht zum Beispiel der rechte Ellenbogen zum linken Knie und umgekehrt und das im raschen Wechsel.

wickelt sich in der Kindheit. Dazu trägt ganz wesentlich das ausgiebige Kriechen und Krabbeln der Kleinkinder bei. Dabei lernen die Kinder, die Mittellinie, das Corpus Callosum, zu überkreuzen. Das ist von entscheidender Bedeutung für Fähigkeiten wie beidseitiges Sehen, Hören mit beiden Ohren und harmonische Bewegungsabläufe. Jede dieser Fähigkeiten ist wiederum unentbehrlich für entspanntes Lernen, so dass das Kind all seine Möglichkeiten optimal nutzen kann.

Stress blockiert den Austausch zwischen beiden Hirnhälften. Lernen wird anstrengend und mühsam. Der Mensch ist ein ganzheitliches Wesen. Körper, Gefühl und Verstand stehen in engen Wechselbeziehungen zueinander. Deshalb ist es möglich, über Bewegung Lernblockaden aufzulösen. Dazu gibt es eine Reihe lustiger und belebender

Die liegende Acht malen Kinder gern mit Wachsmalstiften auf ein großes Blatt Papier. Kinder können die liegende Acht auch mit den Händen in die Luft malen.

3

So macht Lernen Spaß –
Was Kinder zum Lernen brauchen

Kinder brauchen Erfolg

Eltern wissen, dass Kinder außerordentlich erfolgreich im Lernen sind. Was haben Ihre Kinder bisher nicht alles gelernt, und zwar im Spiel, mit sehr viel Spaß und völlig ohne Stress. Die Bemühungen Ihrer Kinder sind belohnt worden durch die Fähigkeiten, die sie gelernt haben. Etwas geschafft zu haben, ist eine wichtige emotionale Befriedigung. Für Kinder gibt es im Spiel kein „Gut gemacht", kein „Richtig" oder „Falsch". Den Erfolg und die Befriedigung erleben sie aus sich heraus. Trotzdem genießen Kinder es auch, gelobt und angespornt zu werden. Die Freude über die ausgestochenen Plätzchen ist doppelt groß, wenn Papa oder Mama bewundert, wie schön die Figuren sind. Das spornt das Kind an, sich auch an den schwierigen Osterhasen heranzuwagen, wenn es bisher zum Beispiel einfache Formen bevorzugt hat.

Für Kinder sind alle Tätigkeiten Spiel. Und Spielen ist Lernen. Erfolgserlebnisse verstärken das Lernen. Unermüdlich erproben Kinder zum Beispiel das Laufenlernen. Sie fallen hin, stehen wieder auf, immerzu, ohne ein Anzeichen von Frustration. Sie wollen es schaffen. Jeder gelungene Schritt ermutigt sie, den nächsten zu wagen, sich immer weiter vorzuwagen. Keine Mutter, kein Vater würde auf die

Idee kommen zu sagen: „Mit dem Laufen klappt es aber noch nicht so richtig. Das muss noch besser werden. Versuch es mal etwas schneller und fall nicht so oft hin." Im Gegenteil, Eltern bewundern Ihr Kind für seine Ausdauer und das zu Recht. Diese Haltung sollten Eltern ihrem Kind und sich so lange wie möglich bewahren.

Geben Sie Ihrem Kind Sicherheit

Erfolgserlebnisse machen nicht nur Mut, sich neuen Herausforderungen zu stellen, sie fördern auch die Bereitschaft eines Kindes, sich anzustrengen. Beides sind wesentliche Voraussetzungen für erfolgreiches Lernen.

Nehmen Sie Ihrem Kind deshalb Aufgaben oder Schwierigkeiten nicht ab, um irgendetwas selbst besser oder schneller zu tun. Sie nehmen Ihrem Kind damit auch die Möglichkeit von Erfolgserlebnissen. Wenn Eltern allerdings ungeduldig hinter ihrem Kind stehen und darauf warten, dass es endlich fertig wird, wird das Kind die Zwiespältigkeit spüren und unsicher werden. Unsicherheit wiederum führt leicht zu Ungeschicklichkeiten, zu Fehlern. Eltern fühlen sich dann manchmal bestätigt: „Ich hab's ja gewusst, dass du es noch nicht kannst." Kinder brauchen Sicherheit, um lernen zu können. Durch Ihr Wohlwollen, Ihre Geduld vermitteln Sie dem Kind: Du darfst es selber tun und das in deinem Tempo. Erfolgserlebnisse und Bestätigung können Kinder nur an Aufgaben, in Spielen erfahren, die sie auch tatsächlich bewältigen können. Von sich aus stellen Kinder sich selten Herausforderungen, die sie selbst nicht schaffen können.

Ermutigen statt üben

Je näher die Schulzeit rückt, desto mehr versuchen Eltern, das Lernen der Kinder zu steuern. Sie üben mit ihnen lesen, schreiben und rechnen. Nicht selten führt das zu Tränen und Abwehr. Die Absicht, die Kinder zu fördern, ist in jedem Falle positiv. Eltern sollten aber nicht vergessen, dass dieses kopfgesteuerte Lernen in die Schule gehört. Die Vorschul- und Kindergartenzeit ist eine eigenständige Phase, die total vom spielerischen Lernen mit allen Sinnen bestimmt ist. Es erzeugt nur Unlust, wenn Ihr Kind dauernd etwas

üben soll, für das es noch nicht reif ist. Kinder, deren Entwicklung durch vielfältige Anregungen gefördert worden ist, und die sich ihre Neugierde erhalten haben, interessieren sich meist schon von sich aus für Zahlen, für das Lesen und Schreiben. Ihr Kind kann sich am besten mit all diesen Dingen auseinander setzen, wenn es das kreativ, auf seine Art machen darf, ohne dass dabei seine Leistung bewertet wird. Und wenn es keine Lust mehr hat, so ist das auch in Ordnung. Lassen Sie es Zahlen, Buchstaben und Wörter schreiben, solange es Vergnügen daran findet. Ermutigen Sie es zum Lesen von Straßenschildern und Reklametafeln, in der Zeitung, wann immer es Interesse zeigt. Ermutigen, loben, unterstützen Sie Ihr Kind. Aber respektieren Sie sein „Nein", wenn es nicht mehr mag. Buchstaben, Wörter und Zahlen sollen für das Kind Freude bedeuten. Das ist die ideale Schulvorbereitung – ganz ohne zu üben.

Eintrag für das Kinder-Tagebuch

Das habe ich gerade gelernt:

UMGRABEN

Das kann ich schon besonders gut:

HAUS MALEN

Der Mut zum Fehler

Die vierjährige Katrin versucht mit einem Schälmesser einen Apfel zu schälen. Sie ist ganz vertieft in ihre Tätigkeit. Oft muss sie den Schäler neu ansetzen, denn die Stücke, die sie abschält, sind immer nur klein. Es dauert lange, bis sie den großen Apfel geschält hat. Schließlich zeigt sie ihn stolz der Mutter. Natürlich ist der Apfel nicht perfekt geschält und etwas unansehnlich sieht er inzwischen auch aus. Außerdem liegt ein Teil der Apfelschale auf dem Brettchen, das die Mutter ihr hingelegt hat, der andere Teil ist auf der Küchenarbeitsplatte und dem Fußboden verteilt. Katrin ist stolz auf sich. Die Mutter lobt sie daraufhin, wie gut sie es schon gemacht hat, und kehrt kommentarlos die herumliegenden Apfelschalen zusammen.

Katrins Mutter hat richtig reagiert, denn Kinder müssen im Laufe der ersten sechs Lebensjahre vieles lernen, sich sehr komplexe Fähigkeiten aneignen. Sie machen das mit Energie, Ausdauer und Gelassenheit. Jede neue Fähigkeit muss immer wieder geübt werden, bis sie einigermaßen sicher beherrscht wird.

Der Weg zur Perfektion ist manchmal mühselig und von scheinbaren Rückschritten begleitet. Aber Kinder sind außerordentlich geduldig und können in ihren Lernprozessen ein hohes Maß an Ungewissheit ertragen. Kinder haben noch keine Angst vor Fehlern.

Fehler als wichtige Erfahrung nutzen

Kinder dürfen im Spiel Fehler machen. Sie werden nicht bestraft, sondern erfahren die realen Konsequenzen durch den Fehler selbst. Auf diese Weise entsteht ein Feedback, an dem das Kind sich orientieren kann. Der Fehler wird nicht verdrängt, sondern als Erfahrung genutzt. Trotz des Fehlers hat das Kind ein Erfolgserlebnis.

Seien Sie nicht enttäuscht, wenn Ihrem Kind etwas nicht so gut gelingt, und schimpfen Sie vor allem nicht mit ihm. Heben Sie stattdessen hervor, was Ihr Kind richtig macht. So lernt es, aufgrund der Erfolge und nicht zur Überwindung von Schwächen und Misserfolgen zu arbeiten. Loben Sie Ihr Kind, sobald sich Gelegenheit dazu bietet. Wenn sie zu hohe Maßstäbe anlegen, wird Ihr Kind diese nie zufriedenstellend erreichen können. Das entmutigt Sie und vor allem die Kinder. Wer immer nur seine Unfähigkeit erlebt, wird bald jeden Versuch aufgeben. Zeigen Sie Ihrem Kind, dass sie Vertrauen haben in seine Fähigkeiten. Sagen Sie: „Das hast du schon sehr gut gemacht", auch wenn beim Safteinschenken etwas danebengegangen ist. Ihr Kind sieht das selbst und wird bestrebt sein, das nächste Mal nicht zu kleckern. Aber es braucht sich nicht vor Ihrem Unmut zu fürchten, wenn es doch wieder passiert. Wenn Sie ihm jetzt sagen, es sei zu dumm oder zu ungeschickt, dann wird es selbst beginnen, an sich zu zweifeln.

Erzählen Sie Ihrem Kind: „Das ist ja eine schwere Aufgabe, die du dir ausgesucht hast", wenn es vor einer größeren Herausforderung steht. „Aber ich weiß, dass es dir Spaß macht, schwierige Dinge auszuprobieren und zu schaffen." Erinnern Sie es daran, wie unermüdlich es zum Beispiel das Laufen geübt hat. Wie oft es hingefallen und wieder aufgestanden ist und es schließlich geschafft hat. Ihnen werden bestimmt noch weitere Beispiele einfallen. Machen Sie Ihr Kind nie lächerlich. Das spornt niemanden zum Lernen an. Ihr Kind auch nicht.

Familienausflug mit Verwandten: Der fünfjährige Tobias spielt mit seiner älteren Tante Ball. Mit dem Fangen klappt es überhaupt nicht. Immer wieder greift er daneben oder lässt den Ball durch seine Arme rutschen. Die Tante ist amüsiert, lacht und macht die anderen darauf auf-

merksam, wie niedlich Tobias aussieht, wenn er danebengreift. Schließlich sagt Tobias: „Ball spielen ist sowieso doof", und geht weg. Den Rest des Tages rührt er keinen Ball mehr an.

Wenn Sie zum Beispiel Werfen und Fangen mit Ihrem Kind „üben", achten Sie auf die Reaktionen des Kindes. Kann es den Ball, mit dem Sie spielen, schon fangen oder braucht es einen größeren? Stimmt der Abstand zwischen Ihnen oder sollte er verringert werden? Das Spiel sollte immer so gestaltet sein, dass Ihr Kind mit Vergnügen seine Fähigkeiten erproben und erweitern kann und nicht den Mut und die Lust am Ausprobieren verliert.

Warnsignale bei Babys und Kleinkindern: „Wie kann man nur ..."

Wie reagieren Sie, wenn Ihrem Kind ein Missgeschick passiert, wenn es einen Fehler macht? Manche unserer spontanen Äußerungen sind unbedacht, aber nicht bös gemeint. Überlegen Sie in Ruhe. Gibt es spontane Kommentare, die Sie im Interesse Ihres Kindes vermeiden können? Wie leicht kommt Eltern zum Beispiel über die Lippen: „Das hast du nun davon, dass du immer alles selber machen willst." oder: „Wie kann man sich nur so blöd anstellen?" oder: „So lernst du das nie!"

Kinder brauchen Konzentration und Geduld

Jan Ole hat auf dem Fußboden im Kinderzimmer einen Bauernhof aufgebaut. Er hat aus Duplo- und Legosteinen Häuser gebaut, um ein kleines Dorf zu gestalten. Es gibt Gatter für das Vieh, Wiesen und Weiden. Trecker und landwirtschaftliche Geräte sind auf dem Hof verteilt. Der Bauer hat viel zu tun. Es ist Erntezeit und er muss mit dem Mähdrescher aufs Feld fahren. Jan Ole ist vertieft in sein Spiel. Er wechselt andauernd die Rollen und spricht mit verstellter Stimme, um die unterschiedlichen Rollen darzustellen. Den Trubel im Haus, den Bruder auf dem Bobby-Car – all das nimmt Jan Ole überhaupt nicht wahr.

Kinder sind oft völlig vertieft in ihre Beschäftigung. Sie scheinen die Welt um sich herum zu vergessen. Sie hören nicht, wenn sie gerufen werden, sie lassen sich von Eltern oder Geschwistern nicht stören. Sie sind konzentriert. Und das nicht nur bei ruhigen Beschäftigungen, sondern auch bei bewegungsintensiven Spielen. Konzentration heißt ja nicht, still auf dem Stuhl zu sitzen und nachzudenken. Bestes Beispiel sind Sportler, die außerordentlich konzentriert bei der Sache sein müssen. Kinder brauchen viel Bewegung. Wenn Ihr Kind beim Malen, Vorlesen oder Puzzeln hin und her rutscht, unruhig wird oder den Platz wechselt, muss das nicht heißen, dass es unkonzentriert ist. Es

kann Ihnen durchaus die vorgelesene Geschichte erzählen, auch wenn es fast die ganze Zeit mit der Gardinenschnur gespielt hat.

Wie lange Kinder sich konzentrieren können, ist altersabhängig. Sechsjährige Kinder können sich circa eine halbe Stunde mit einer Sache beschäftigen. Untersuchungen über die Konzentrationsfähigkeit von Kindern können allerdings nur sehr vage Anhaltspunkte geben und werden zum Teil durch die Kinder selbst widerlegt.

Konzentration heißt Interesse an der Welt

Beobachten Sie einmal, wie lange gerade kleinere Kinder sich mit kniffeligen Angelegenheiten auseinander setzen. Bis sie einer Sache auf den Grund gegangen sind und sie mit dem Ergebnis, der Erkenntnis zufrieden sind, vergeht oft mehr als eine halbe Stunde. Wenn Kinder an etwas interessiert sind, geben sie selten resigniert oder lustlos auf. Sie wenden sich erst von einer Sache ab, wenn daran nichts Neues mehr zu entdecken ist. Konzentration ist immer auch zielgerichtetes Verhalten. Grundvoraussetzung für Konzentration ist ein wirkliches Interesse an einer Sache. Das Spielzeug spielt beim Erlernen der Konzentrationsfähigkeit eine wichtige Rolle. Spielzeug, das zum Entdecken einlädt, das vielfältige Verwendungsmöglichkeiten hat, regt zur konzentrierten Beschäftigung an. Dabei gilt häufig die Devise: Je einfacher desto besser.

Situationen können Sie am besten feststellen, wann Ihr Kind immer wieder aufhören will. Manchmal müssen Kinder erst lernen, dass sie Schwierigkeiten, die ein Spiel an sie stellt, überwinden können. Zeigen Sie ihm, was es tun kann, um weiterzukommen. Ermuntern Sie es und glauben Sie an seinen Erfolg. Selbstbewusste Kinder haben eine viel größere Ausdauer als verzagte, mutlose.

Das Ziel heißt Selbstvertrauen

Vergleichen Sie Ihr Kind vor allem nicht mit dem von Freunden, Nachbarn und Verwandten, die vielleicht schon lesen oder einen ganzen Satz schreiben können. Zeigen Sie Ihrem Kind nicht Ihre Enttäuschung, weil es noch nicht lesen will. Jedes Kind hat seinen eigenen individuellen Rhythmus. Lenken Sie Ihren Blick wieder auf das, was Ihr Kind gut kann und bestärken Sie es in seinen Fähigkeiten. Damit bereiten Sie es am besten auf das Lernen in der Schule vor. Denn Selbstvertrauen ist die beste Voraussetzung dafür, auch mit schwierigen Aufgaben zu beginnen, bei Misserfolgen durchzuhalten und längere Aufgaben bis zum Ende auszuführen.

Konzentration im Spiel fördern

Kinder zu konzentriertem Spiel zu verhelfen, fordert Einsatz und liebevolle Zuwendung von den Eltern. Gemeinsame Spiele sind für alle Kinder wichtig und förderlich. Im gemeinsamen Spiel leben Eltern vor, wie man mit Spaß konzentriert und ernsthaft spielen kann. Zwingen Sie ihrem Kind aber keine Konzentrationsspiele auf, sondern spielen Sie Spiele, mit denen es sich gern beschäftigt. In diesen

sie. Spielen Sie gemeinsam Memory. Für Kinder ist die Erfahrung wichtig, etwas beendet zu haben, fertig zu sein. Beschränken Sie deshalb zunächst die Anzahl der Karten. So hat Ihr Kind auf jeden Fall ein Erfolgserlebnis und Sie können nach Lust und Laune ein weiteres Spiel anhängen. Und spielen Sie regelmäßig in der Familie Brett- und Quartettspiele. In gemütlicher Runde, im Spiel mit den Eltern, bleibt das Kind länger bei einer Sache. Brechen Sie Spiele nicht einfach ab, sondern machen Sie es sich zur Regel, dass ein Spiel beendet wird. Steck-, Schraub- und Legespiele regen ebenfalls zu konzentrierter Tätigkeit an.

Das Ziel fest im Blick

Es gibt Spiele, die gegen Ende immer spannender werden und Kinder besonders motivieren. Puzzeln Sie zum Beispiel gemeinsam mit Ihrem Kind. Wenn es mit Ihnen den Erfolg erleben kann, ein ganzes Puzzle geschafft zu haben, wird es dies auch allein wiederholen wollen, vorausgesetzt, es puzzelt gerne. Achten Sie darauf, dass die Motive für Ihr Kind einen Reiz haben und das Puzzle nur so viele Teile hat, wie das Kind auch tatsächlich bewältigen kann – gerade, wenn Sie damit seine Konzentration fördern wollen. Die Aussicht, es gleich geschafft zu haben, spornt Kinder immer wieder an. Denn Kinder haben in der Regel selbst ein gutes Gespür dafür, was sie schaffen können und was nicht. Zu schwere Aufgaben entmutigen

Vorlesen fördert die Konzentration

Auch durch Vorlesen fördern Sie die Konzentration Ihres Kindes. Welche Geschichten hört es gerne? Welche Bücher mag es gerne mit Ihnen anschauen? Wenn Kinder sich emotional angesprochen fühlen, hören sie meistens aufmerksam zu.

Das schärft die Konzentration

Schaffen Sie ungestörte Spielsituationen für Ihr Kind. Achten Sie auf altersgerechtes Spielzeug, das zum Entdecken und Ausprobieren einlädt. Finden Sie die momentanen Vorlieben Ihres Kindes heraus und spielen Sie mit. Allein dadurch werden Sie schon eine Verlängerung seiner Aufmerksamkeit erreichen.

Knüpfen Sie immer an seinem Interesse an oder erwecken Sie neues Interesse. Machen Sie es sich zur Gewohnheit, über die Geschichten zu sprechen: Fragen wie „Was denkst du, wie der kleine Prinz sich fühlt?" oder „Wie wird die Geschichte wohl weitergehen?" ermöglichen dem Kind zum einen, seine Gefühle zu äußern, und regen zum anderen zur weiteren Auseinandersetzung an.

Kim-Spiele

Es gibt eine Vielzahl an Spielen, die die Konzentration fördern. Dazu gehören auch Kim-Spiele, bei denen gleichzeitig das Gedächtnis trainiert wird. Mit Freunden gespielt machen sie noch mehr Spaß. Breiten Sie auf dem Tisch oder Fußboden ca. sieben Gegenstände aus, die den Kindern gut bekannt sind: Spielsachen, Werkzeuge, Küchenutensilien etc. Die Kinder dürfen die Sachen zwei Minuten lang betrachten, dann werden sie mit einem Tuch zugedeckt. Fragen Sie mit geheimnisvoller Miene: „Was liegt unter dem Tuch?" Nun benennen die Kinder die Gegenstände. Dieses Spiel können Sie durch Anzahl und Art der Gegenstände leichter oder schwerer machen.
Variation: Sie nehmen einen Gegenstand weg. Die Kinder müssen raten, was fehlt.
Variation: Sie breiten unter einem Tuch verschiedene Früchte aus, dazu einen fremden Gegenstand. Die Kinder ertasten, um welche Früchte es sich handelt und was nicht dazu passt.

Kommando Pimperle

Auch Aktionsspiele fördern die Konzentration. „Kommando Pimperle" hat schon viele Generationen von Kindern erfreut. Sie können es mit Ihrem Kind allein oder auch mit mehreren spielen. Alle sitzen am Tisch, die Hände liegen auf der Tischplatte. Auf Ihr „Kommando Pimperle" trommeln alle mit den Zeigefingern unaufhörlich auf die Tischplatte. Das ist die Ausgangsposition. Es gibt drei weitere Kommandos:

Kommando flach: Alle Hände liegen unbeweglich auf dem Tisch.
Kommando hoch: Die Kinder setzen, ohne zu trommeln, nur die Fingerspitzen auf den Tisch.
Kommando Faust: Jeder haut mit den Fäusten auf den Tisch.

Jedes Kommando wird so lange ausgeführt, bis ein neues gegeben wird. Kommando Pimperle, also das Trommeln mit den Fingern auf der Tischplatte, ist dabei immer wieder die Ausgangsposition. Getrommelt wird fünf bis zehn Sekunden lang. Mal folgen die Kommandos rasch aufeinander, mal wird länger pausiert. Der Witz des Spiels ist, dass die Kinder die Kommandos nur ausführen dürfen, wenn Sie das Wort „Kommando" davorsetzen. Rufen Sie zum Beispiel nur „Faust" oder „Flach", wird weiter mit den Zeigefingern getrommelt. Derjenige, der die Kommandos gibt, darf natürlich seine Mitspieler in die Irre führen. Wer etwas falsch macht, gibt ein Pfand ab.

Kinder brauchen Kreativität und Phantasie

Die Welt braucht kreative Kinder. Kreative Kinder sind flexibel, vielseitig und phantasievoll in ihren Entscheidungen. Ob Kreativität angeboren oder anerzogen ist, ist bislang offen. Aus Untersuchungen über berühmte kreative Menschen weiß man jedenfalls, dass Kreativität bereits in der Kindheit entsteht. Die Kreativität Ihres Kindes erleben Sie tagtäglich in seinem Sozial- und Sprachverhalten, im Spiel, in seinen kognitiven (geistigen) Prozessen. Kreativität äußert sich individuell – bei jedem Kind.

Vorschulkinder sind kreativ

In jedem Fall aber sind Kinder, vor allen Dingen Vorschulkinder, besonders kreativ. Sie haben noch keine eingeschliffenen Verhaltensmuster und Gewohnheiten, die ihre kreativen Möglichkeiten und das kreative Denken hemmen. Das Vorschulkind lebt in einer psychisch entspannten Situation und bringt mit seinem Fragen und Staunen optimale Voraussetzungen für die Entfaltung und Betätigung kreativer Kräfte mit. Kinder, die jetzt gefördert und gefordert werden, erwerben eine hervorragende Basis für späteres kreatives Denken. Mit Beginn der Schulzeit ist dieser so bedeutende Entwicklungsabschnitt für kreatives Verhalten erst einmal zu Ende.

Illusionsspiele – Alles ist möglich

Viel Kreativität zeigt das Kind in Bewegungs-, Rollen- und Illusionsspielen. In Illusionsspielen werden beispielsweise Gegenstände in der Phantasie belebt, wird die „Wirklichkeit" nach eigenen Vorstellungen und Wünschen neu geschaffen. Die Spielformen mischen sich. Sie als Eltern kennen die wildesten Cowboyspiele, bei denen der imaginäre Feind auf zu Pferden umfunktionierten Ästen verfolgt und unter Decken und Kisten vermutet wird. Schließlich wird er gestellt. Es ist der Stamm der großen Birke im Garten. Hände hoch und fesseln – alles ist möglich.

Kinder sind Sprachgenies

Auch im Sprachverhalten äußert sich Kreativität. Kinder erfinden Wortneuschöpfungen, wenn ihnen der richtige Ausdruck gerade nicht einfällt: „Ich habe im Garten gebest" und andere originelle Kreationen entstehen. Und sie spielen mit Sprache: Die Sesamstraße ist die Semmelstraße, die Libelle wird zur Propelle. Kinder lieben lustige Wörter, Wortverdrehungen und Schimpfwörter. Gehen Sie mit Ihrem Kind auf die Suche nach besonders klangvollen Wörtern. Freuen Sie sich an seinen Sprachspielereien und spielen Sie mit.

Sprüchebuch

Legen Sie sich ein besonders schönes Heft an, in dem Sie alle Wortschöpfungen und Sprachspiele Ihres Kindes aufschreiben. Notieren Sie dazu das Datum, damit Sie sich später leichter erinnern können. Dann haben Sie später auch ein nettes Geschenk zur Konfirmation oder zur Volljährigkeit.

Und auf der Schnarre tattert Jan,
die Quengel zipft die Grete.
Am lautesten kann's Sebastian:
Er quackelt auf der Tete!

Für uns ist das ein
Ohrenschmaus,
weil die Musik der Ton macht,
doch wer uns hört, der nimmt Reißaus,
wer dableibt, fällt in Ohnmacht!

*(aus: Michael Ende/ Rolf Rettich, Das
Schnurpsenbuch, Thienemann Verlag,
Stuttgart 1979)*

Das Schnurpsenkonzert

Das Stöckchen schwingt der Karlimann,
er macht den Taktigenten.
Wir fangen das Konzeter an
auf allen Un-strimenten:

Der Joseph oselt auf dem Schnorch,
der Maxel bauzt die Bumse,
der lange Alexander, horch! –
der schrappt die große Schrumse!
Der Höllenlärm geht ins Gedärm!
Die Kreische kratzt Sabine.
Die Mia zizzelt ganz erbärm-
lich auf der Winseline.

Es nödelt auf der Föhl herum
der Franz, jedoch der Micha,
der pingelt das Brimborium.
Kai wibbelt auf der Kicher.

Auf seiner Pupe autscht der Hans
gar schauerlich, der Schlingel.
Klein-Lieschen aber zickelt ganz
versunken auf der Zingel.

Was Kinder kreativ macht

Kreative Kinder mit ihren beständigen Fragen, ihrer Beharrlichkeit und ihrem zwanglosen Autoritätsverständnis können ganz schön anstrengend sein. Aber wenn Sie Ihr Kind in seiner Kreativität fördern wollen, dann lassen sie seine Neugierde und Individualität zu. Kreative Kinder brauchen Freiräume. Autoritäre Umgebungen, in denen vieles vorgeschrieben wird, wo nicht aufbegehrt werden darf, hemmen sie nur.

Kinder brauchen Spielsachen, die ihre Kreativität und Phantasie anregen. Viele der heutigen bis ins Detail nachgebildeten Spielzeuge lassen das nicht mehr zu. Um Kreativität anzuregen, braucht es kein besonderes oder gar sehr teures Spielzeug. Das Umfeld des Kindes bietet genügend hervorragende Materialien. Überlassen Sie Ihrem Kind Dinge zum Spielen, die Sie eigentlich wegwerfen wollten. Kinder schätzen diese Dinge, weil es einmal Ihre waren, und diese Gegenstände werden im Spiel von ihnen oftmals sehr kreativ zweckentfremdet oder zum Experimentieren und Entdecken verwendet.

Kartons – die ideale Spielwiese

Heben Sie große und kleine Verpackungen auf. Sie sind kreatives Spielmaterial zum Bemalen oder Bauen. Man kann Fenster hineinschneiden oder draufmalen. Kartons können mit Klebeband zu mehrstöckigen Häusern sicher aufgetürmt werden. Oder stellen Sie mit Ihrem Kind aus mehreren Kartons gleicher Größe ein Riesenpuzzle her. Sie können aus den sechs Seiten ein Zahlenpuzzle, ein Buchstabenpuzzle oder vier Puzzles mit Bildmotiven (zum Beispiel zu den Jahreszeiten) machen.

Was mache ich mit dem Ziegelstein?

Stellen Sie mit Ihrem Kind ungewöhnliche oder lustige Überlegungen an. Bei Kindern und Erwachsenen sehr beliebt ist es zum Beispiel, darüber nachzudenken, welche Verwendungsmöglichkeiten es alles für einen Ziegelstein geben könnte – außer der des Bauens natürlich. Kinder haben es dabei schon auf mehr als fünfunddreißig Möglichkeiten gebracht.

Das macht kreativ:

❍ mit Fingern, Pinsel und Buntstiften malen;
❍ mit Ton oder Plastilin kneten;
❍ mit Sand, Wasser und Steinen bauen;
❍ mit Bauklötzen hantieren;
❍ Feste feiern;
❍ die Natur beobachten;
❍ mit verschiedensten Materialien experimentieren;
❍ Rollenspiele;
❍ Märchen, Geschichten und Bücher hören und lesen;
❍ Musik erleben.

Richtig loben und wertschätzen

Anke kommt mit einem selbst gemalten Frühlingsbild zu ihrer Mutter und fragt sie nach ihrer Meinung. „Was denkst du selbst darüber?", entgegnet ihre Mutter. Anke betrachtet ihr Bild, überlegt einen Augenblick und sagt schließlich: „Ich male noch mehr bunte Blumen." „Ja", sagt die Mutter, „ viele bunte Blumen machen das Bild sicher noch hübscher. Dabei hast du doch schon so viele gemalt. Das war bestimmt ganz schön anstrengend." „Hm", erwidert Anke und geht wieder, um ihr Bild zu vollenden. Am Nachmittag hängt das Bild an der „Kinderbilderwand" im Flur.

Eltern sollten kein Urteil fällen, wenn Kinder mit Bildern, Geschichten oder eigenen Texten zu ihnen kommen und nach ihrer Meinung fragen. Ankes Mutter hat geschickt reagiert, indem sie die Frage an Anke zurückgegeben hat. So kann das Kind zunächst selbst einmal ein Urteil fällen. Sie können dann – wie Ankes Mutter – die Worte Ihres Kindes aufnehmen und eventuell auch noch seine Anstrengung loben. Machen Sie es sich zur Gewohnheit, immer wieder die kindlichen Produkte aufzuhängen oder ins Regal zu stellen. Kinder brauchen diese Wertschätzung. Natürlich müssen Sie nicht alles aufhängen. Aber verwahren Sie die Werke Ihrer Kinder gut. Kreativität wächst in erster Linie durch die eigene Befriedigung über das Produkt, aber zu viel Lob oder gar materielle Belohnungen können kindliche Kreativität auch ersticken. Loben Sie Ihr Kind, ohne es von Ihrem Lob abhängig zu machen. Ihr Lob sollte immer von Herzen kommen. Um die Kreativität Ihres Kindes zu fördern, brauchen Sie kein Programm. Begleiten Sie seine Entwicklung entspannt und interessiert und fördern Sie sein Experimentierverhalten wohlwollend, mit Toleranz und Geduld. Mit dieser Grundeinstellung geben Sie Ihrem Kind alles, was es für seine Kreativitätsentwicklung braucht. Kreativität ist ein Prozess. Warten Sie nicht beständig auf äußerliche Zeichen der Kreativität Ihres Kindes. Und denken Sie daran, dass Kritik Kreativität hemmt. In der Pädagogik wird zwar häufig von konstruktiver Kritik gesprochen, Vorschulkinder müssen jedoch erst lernen, mit konstruktiver Kritik umzugehen. Sollte Ihre Kritik auch noch so konstruktiv sein, Ihr Kind wird interpretieren, dass sein Werk Ihnen nicht gefällt. Vermeiden Sie deshalb Kritik.

Des Abends, wenn ich früh aufsteh

Des Abends, wenn ich früh aufsteh,
des Morgens, wenn ich zu Bette geh,
dann krähen die Hühner, dann gackelt der Hahn,
dann fängt das Korn zu dreschen an.

Die Magd, die steckt den Ofen ins Feuer,
die Frau, die schlägt drei Suppen in die Eier,
der Knecht, der kehrt mit der Stube den Besen,
da sitzen die Erbsen, die Kinder zu lesen.

O weh, wie sind mir die Stiefel geschwollen,
dass sie nicht in die Bein 'nein wollen!
Nimm drei Pfund Stiefel und schmiere das Fett,
dann stell mir vor die Stiefel das Bett!

(aus: Des Abends, wenn ich früh aufsteh, Der Kinderbuchverlag Berlin, DDR 1978)

Phantasiespiele

Modenschau

Spontane Spiele regen Phantasie und Kreativität an. Beispielsweise verkleiden sich Kinder liebend gern, um dann in andere Rollen zu schlüpfen. Veranstalten Sie mit mehreren Kindern eine Modenschau – das ist übrigens auch für den Kindergeburtstag ein interessanter Programmpunkt. Ein Kind kann dabei der Ansager sein, beim Kindergeburtstag werden die abholenden Eltern zum Publikum. Sie werden über die Ergebnisse staunen.

Küchenmusik

Wenn Kinder sich in der Küche langweilen, wie wäre es mit einer schrägen Küchenmusik? Bitten Sie die Kinder, die verschiedensten Küchengeräte zu Instrumenten umzufunktionieren.
Jetzt wird Musik gemacht. Sie können auch gemeinsam ein Lied über die Langeweile dichten, singen und mit den Küchengeräten begleiten.

Spiele mit dem Körper

Kinder können in ihren Bewegungen viel Originalität entwickeln. Spielen Sie verschiedene Bewegungen nach, zum Beispiel: Tragen – einen kleinen Vogel, eine schwere Gießkanne mit Wasser, eine Glasscheibe, eine heiße Schüssel, einen Koffer etc.
Sich bewegen – wie ein Kraftprotz, ein Zwerg, ein Elefant, ein Tiger ...
Sich freuen – wie ein Baby, ein größeres Kind, ein Hund, ein Affe etc.

Assoziationsspiele

❍ Sie brauchen ein weißes Blatt Papier, einen Strohhalm und etwas Tusche. Das Kind macht einen Farbklecks auf das Papier und bläst ihn mit dem Strohhalm auseinander. Betrachten Sie gemeinsam das entstandene Gebilde. Was ist es geworden? Vielleicht eine neue Tierart, ein Mensch, ein Baum oder eine Maschine? Legen Sie ein Album an, in dem sie die Assoziationsbilder sammeln. Sie regen zu immer neuen Ideen an.

❍ Beim Vorlesen: Legen Sie von Zeit zu Zeit in der Geschichte eine kleine Pause ein. Wie könnte es weitergehen?

❍ Beim Musikhören: Was fühlt die Geige, das Klavier, die Flöte, die Klarinette in diesem Stück? In welcher Stimmung ist sie?

❍ Und zwischendurch: Was wärst du als Buchstabe, als Zahl, als Farbe, als Wetter?

Was-wäre-wenn-Geschichten

Phantasieren Sie gemeinsam mit Ihren Kindern:
Was wäre, wenn:
❍ es kein Fernsehen gäbe?
❍ der Kindergarten immer am Wochenende geöffnet wäre?
❍ es nach oben regnen könnte?
❍ alle Kinder fliegen könnten? Etc.

Wenn es mit dem Lernen nicht so klappt – Lernblockaden

Das hemmt jegliche Kreativität. Wenn Ihr Kind sich im Allgemeinen gut entwickelt und nicht aus speziellen Gründen Anlass zur Sorge besteht, gönnen Sie sich und Ihrem Kind mehr Gelassenheit. Lehnen Sie sich zurück und betrachten Sie mit Humor und mit Vergnügen die Fortschritte seiner Entwicklung. Schauen Sie nicht schon auf den nächsten Entwicklungsschritt, genießen Sie den augenblicklichen, er kommt nicht wieder.

Wenn Kinder unkonzentriert sind

Eltern sind häufig besorgt, ob sich ihr Kind auch tatsächlich normal entwickelt – vor allen Dingen beim ersten Kind. Sobald sich eine „magische" Altersgrenze nähert, wird das Kind beobachtet und geschaut, ob es die besagten Fähigkeiten endlich entwickelt hat. Kinder spüren diese angespannte Erwartung und verlieren dadurch ihre Unbefangenheit. Selbst wenn Eltern es nicht aussprechen, Kinder nehmen die Enttäuschung, die Sorge wahr, dass sie etwas noch nicht so gut können, wie ihre Eltern es sich wünschen.

Ist das Spielzeug altersgemäß?

Wenn Sie denken, Ihr Kind kann sich nicht genügend konzentrieren, spielen Sie mit, stellen Sie Fragen zum Spiel oder geben Sie eine Anregung zum Fortgang des Spiels.

Respektieren Sie andererseits das konzentrierte Spiel Ihres Kindes. Lenken Sie es nicht mit anderen Ideen oder Vorschlägen ab. Wenn Sie zum Einkaufen wollen, sagen Sie mindestens 10 Minuten vorher

Bescheid: „Wir fahren in 10 Minuten los. Kannst du dein Spiel dann unterbrechen?" Oder: „Beginne bitte kein langes Spiel mehr, wir wollen gleich losfahren." Wenn Ihr Kind unkonzentriert ist, forschen Sie zunächst nach den Ursachen. Die können nämlich unterschiedliche Gründe haben. Es kann natürlich sein, dass Sie die Zeitspanne, die Kinder sich mit einer Sache beschäftigen können, überschätzen. Auch bei Vorschulkindern ist die Aufmerksamkeitsspanne noch kurz.

Patrick hat zum Geburtstag den großen Technikbaukasten bekommen, den er sich so sehr gewünscht hat. Seit einigen Tagen sitzt er immer wieder davor und wühlt in den Teilen. Hier und da steckt er mal etwas zusammen. Zwischendurch läuft er zu seiner Mutter, um zu fragen, ob er seinen Freund anrufen darf. Anschließend setzt er sich wieder vor den Kasten. Dann greift er zu den Bilderbüchern oder anderen Spielsachen, ohne sich weiter um den Technikkasten zu kümmern. Von Zeit zu Zeit ermahnt ihn seine Mutter: „Nun bau doch endlich mal etwas." Patrick greift wieder in die Kiste und holt einige Teile heraus. Das wiederholt sich auf ähnliche Weise einige Tage. Die Eltern sind etwas besorgt, weil Patrick nicht mehr konzentriert spielt. Schließlich stellen sie fest, dass die Bauanleitungen viel zu schwer für ihn sind.

Ursachen für fehlende Konzentration können Über- oder Unterforderung sein. Patrick zum Beispiel konnte sich mit seinem Technikkasten nicht konzentriert beschäftigen, weil er überfordert war. Hat Ihr Kind altersgemäßes Spielzeug? Eltern stellen ihren Kindern manchmal wunderschöne Spielsachen bereit, für die sie aber noch nicht reif genug sind oder an dem sie kein Interesse haben. Die elektrische Eisenbahn, die der Vater eigentlich schon immer haben wollte und der gerade dreijährige Sohn nun erhält, ist durchaus kein Klischee. Fehlendes Interesse, Reizüberflutung, seelische Belastungen, schlechte körperliche Verfassung, schlechte Spielbedingungen, keine oder zu kurze Entspannungsphasen können weitere Ursachen für unkonzentriertes Verhalten sein.

In Melanies Elternhaus läuft oft tagsüber der Fernseher. Die älteren Brüder haben häufig Freunde zu Besuch und hören dann laut Musik. Im Haus herrscht ein ständiges Kommen und Gehen. Melanie ist einer starken Reizüberflutung ausgesetzt. Die laute Musik beschallt sie dauernd und im Fernsehen sieht sie häufig auch Bilder und Szenen, die sie verfolgen. Wenn es an der Tür klingelt, läuft sie hin, um nachzusehen, wer gekommen ist. Sie hantiert mehr planlos mit ihren Spielsachen. Ein natürlicher Spielfluss kann wegen der vielen Ablenkungen und Unterbrechungen nicht entstehen. Melanie ist völlig überfordert.

Checkliste: Unkonzentriert – warum?

○ Wie lange kann sich Ihr Kind mit einer Sache beschäftigen?
○ Womit und in welchen Situationen kann sich Ihr Kind konzentriert beschäftigen? Seit wann ist es unkonzentriert? Gab es einen Auslöser?
○ Hat Ihr Kind einen Platz, an dem es ungestört spielen kann?
○ Ist Ihr Kind mit seinen Spielsachen überfordert, hat es zu viele?
○ Hat Ihr Kind vielleicht nur kein Interesse an der Spiel- oder Lernsituation, in der Sie es für unkonzentriert halten?
○ Hat Ihr Kind zu viele „Termine", sodass keine entspannten Spielphasen möglich sind?
○ Gibt es eine angespannte Familiensituation, die das Kind belastet?

Die Beobachtung hilft Ihnen, Ihr Kind besser zu verstehen. Verändern Sie gezielt die Punkte, die auf Ihr Kind zutreffen und beobachten Sie die Wirkung. Seien Sie geduldig, denn ein Verhalten, das sich im Laufe der Zeit ausprägt, ändert sich nicht von heute auf morgen. Loben Sie Ihr Kind für erfolgreiche Tätigkeiten, denn Selbst-vertrauen und Zufriedenheit sind gute Voraussetzungen dafür, dass Kinder sich konzentriert und motiviert auf neue Lernsituationen einlassen können.

Wenn alle Ihre Maßnahmen keinen Erfolg haben, können Sie durchaus einmal in Familienberatungsstellen oder bei Kinderpsychologen Rat suchen.

Kinder, die sich im Spiel nicht konzentrieren können, lassen sich manchmal trotzdem gerne auf Geschichten zum Phantasieren und Träumen ein:

Das Sternenboot

Am Anfang des Himmels, dort, wo er sich mit der Erde trifft, steht für Kinder mit Phantasie ein Sternenboot. Sie können es besteigen, wann immer sie wollen. Vor dem Einschlafen ist eine besonders gute Zeit für einen Flug mit dem Sternenboot. Vielleicht magst du einsteigen.

Du sitzt ganz bequem in deinem Sternenboot und spürst, wie es abhebt. Es fliegt, schwebt langsam aufwärts. Du siehst den Himmel über dir, wie ein unendlich großes, dunkelblaues Zelt. Es scheint aus feinstem, blauem Samt zu sein. Langsam gewöhnt sich dein Auge daran. In das Blau mischen sich nun kleine helle Lichtpünktchen. Dein Sternenboot kommt ihnen näher, und du kannst erkennen, dass es kleine Sterne sind. Das Boot schwebt ihnen ruhig entgegen. Es ist ganz still im Sternenboot, sodass du deinen eigenen Atem hören kannst. Er geht ganz ruhig ein und aus. Ruhig ein und aus. Die Sterne werden größer, du kommst ihnen immer näher. Du kannst sehen, dass kein Stern dem anderen gleicht. Jeder hat eine besondere Form und Farbe. Du kannst dich gar nicht sattsehen, an diesen vielen schönen, unterschiedlichen Sternen. Alle schaust du dir an. Entdeckst viel dabei. Das Sternenboot schwebt oh-

ne Erschütterung, ruhig durch die Sterne hindurch. Von weitem siehst du eine große Helle. Du wünschst dir, dass das Boot sich ihr nähere. Das Sternenboot gehorcht deinem Wunsch. Es schwebt sanft dorthin. Du siehst jetzt, dass die Helligkeit eine große Milchstraße ist. Eine Milchstraße aus Millionen und Abermillionen kleiner Sterne. Sie funkeln und blitzen. Um dich herum wird es ganz hell. Die Helligkeit schwebt um dich herum. Du bist eingetaucht in diese Helligkeit. Es ist ein tolles Gefühl, in der Milchstraße förmlich zu baden. Die Helligkeit dringt in deinen Körper, in deine Seele, und du fühlst dich ganz leicht und froh. So leicht und wohl, dass du in einen friedlichen Schlaf versinkst. Du wirst ruhig und gut schlafen.

(aus: Else Müller, Auf der Silberlichtstraße des Mondes, Fischer Taschenbuch, Frankfurt 1985)

Wenn Kinder nicht allein spielen können

Jennys Mutter ist genervt. Immer muss sie mit ihrer Tochter auf dem Fußboden hocken und irgendetwas spielen. Kaum schleicht sie sich davon, weil sie denkt, nun spielt Jenny allein, steht ihre Tochter schon wieder neben ihr, zupft am Pulli und quengelt: „Mama, komm." Jenny kann nicht alleine spielen. Die Hausarbeit bleibt liegen und große Lust zum Spielen mit Ihrer Tochter hat Jennys Mutter auch nicht mehr. Manchmal klagt sie ihren Freundinnen ihr Leid. Kinder sind eben verschieden, ist dann oft das Fazit.

Kinder brauchen Nähe

Eltern stöhnen schon mal: „Hilfe, mein Kind kann nicht spielen" oder: „Mein Kind spielt nie lange". Aber das wird meist nicht so ernst genommen. Den späteren Beschäftigungen in der Schule wird weitaus mehr Bedeutung zugemessen. Was ist denn überhaupt altersgemäßes Spielverhalten? Ist die so gern gestellte Frage „Mama, was soll ich spielen?" schon eine Störung? Sicher nicht. Manchmal ist es nur eine reine „Kontaktfrage", die signalisieren soll: Hallo, hier bin ich wieder. Entweder wollen die Kinder gar keine Antwort auf die Frage oder nach kurzer Beratung wird ein Vorschlag aufgegriffen. Stellt Ihr Kind allerdings diese Frage auffallend häufig, sollten Sie darüber nachdenken, was es mit dieser Frage wirklich bezweckt. Für Kinder ist die lie-

bevolle Zuwendung der Eltern von großer Bedeutung. Beschäftigen Sie sich eher wenig mit Ihrem Kind, weil sie vielleicht denken, Kinder sollten allein spielen? Oder ist Ihr Kind in letzter Zeit möglicherweise etwas zu kurz gekommen, weil Sie so viele andere Dinge zu erledigen hatten? Es kann sein, dass Ihr Kind nur mehr Kontakt und Nähe zu Ihnen sucht und deshalb nicht zum Spielen kommt.

Die vierjährige Susanna kann im Kindergarten ausdauernd spielen. Zu Hause kommt sie immer wieder zu ihren Eltern und fragt: „Was macht ihr? Ich weiß nicht, was ich spielen soll." Die Eltern beratschlagen mit ihr und Susanna geht wieder in ihr Kinderzimmer. Nach kurzer Zeit beginnt das „Spiel" von neuem. Irgendwann wird es den Eltern zu viel und Susanna darf seitdem auch im Wohnzimmer und in der Küche spielen. Sie braucht die Nähe der Eltern und spielt jetzt auch zu Hause ausdauernd mit ihren Spielsachen, bei geöffneter Tür inzwischen auch im Kinderzimmer.

Manche Kinder brauchen noch das Gefühl der Nähe zum Erwachsenen. Oftmals reicht es aus, die Mutter oder den Vater irgendwo im Haus hantieren zu hören. Für andere ist es wichtig, in unmittelbarer Nähe der Eltern zu sein. Akzeptieren Sie die Bedürfnisse Ihres Kindes. Experimentieren Sie mit den verschiedenen Möglichkeiten, bevor Sie an eine Spielstörung denken. Wenn Ihr Kind sich sicher genug fühlt, wird es von allein ungestört spielen wollen.

Bestätigung motiviert zum Spielen

Manchmal beobachten Eltern, dass ihr Kind bei Schwierigkeiten mutlos aufgibt. Erfolgszuversicht gehört zum Spielen dazu. Kinder gehen im Allgemeinen davon aus, dass sie eine selbst an sich gestellte Aufgabe auch bewältigen können. Erfolgszuversicht bedeutet die Gewissheit: Ich kann es schaffen und werde es irgendwann schaffen. Das ist die Grundlage dafür, immer wieder zu probieren, auf den hohen Baum zu klettern, obwohl der unterste Ast so hoch hängt, oder sich trotz blauer Flecken immer wieder auf die Rollerblades zu stellen.

Was hat dazu geführt, dass Ihr Kind entmutigt ist? Sind die Anforderungen zu hoch oder haben Sie ihm vielleicht zu wenig Vertrauen in seine Fähigkeiten signalisiert? Ermöglichen Sie Ihrem Kind Erfolgserlebnisse und loben Sie es, denn es kann mit Sicherheit schon eine ganze Menge.

Weniger Spielzeug ist mehr

Gehen Sie einmal auf Entdeckungstour durchs Kinderzimmer. Wie viel Spielsachen hat Ihr Kind? Ein Überangebot kann ebenfalls die Ursache für eine Spielhemmung sein. „Soll ich mit den Legos oder mit den Playmos spielen oder lieber mit den Autos oder vielleicht doch mit dem Gameboy?" Kinder heute können aus einem Überangebot an Spielzeug auswählen. Wer die Qual der Wahl hat, kann

dann eben manchmal gar keine Entscheidung treffen. Auch das allzu perfekte Spielzeug langweilt manche Kinder. Es gibt keine Möglichkeiten mehr, die eigene Geschicklichkeit zu erproben. Alles lässt sich passgenau ineinander fügen. Phantasie ist nicht mehr gefragt.

Jedes Kind langweilt sich von Zeit zu Zeit oder weiß an manchen Tagen ohne seinen Freund oder die Freundin nichts mit sich

anzufangen. Auch kranke Kinder zeigen ein anderes Spielverhalten als gewöhnlich. Verfestigen sich jedoch diese Verhaltensweisen, können sie ein Anzeichen dafür sein, dass Ihr Kind ein problematisches Verhältnis zu seiner Umgebung, zu den Menschen, zu den Dingen und letztlich zu sich selbst hat. Dann sollten Sie die Hilfe Ihres Kinderarztes oder eines Kinderpsychologen in Anspruch nehmen, denn Spielstörungen können durchaus Vorläufer einer späteren Lernstörung sein.

Mit Leib und Seele –
Das ganze Kind fördern

Denken und Begreifen

Der Mensch ist ein denkendes Wesen. Ein Baby muss das Denken aber erst lernen, die Welt langsam begreifen. Über die ersten Erfahrungen, die das Kind mit seiner Umwelt macht, über sein Handeln mit Spielzeugen und anderen Gegenständen in seiner Reichweite lernt es und bereitet sein Denken vor. Im Alter von 9 bis 10 Monaten können Eltern erstmals beobachten, dass ihr Kind etwas vollbringt, dem gewisse Überlegungen zugrunde liegen.

Franziska, 10 Monate alt, hat eine Rassel, an der ein rotes Band befestigt ist. Sie sieht die Rassel und möchte sie haben. Aber sie liegt außerhalb ihrer Reichweite. Sie greift zum Band und zieht die Rassel heran.

Kinder in diesem Alter erkennen Zusammenhänge zwischen einfachen Handlungen und dem, was sie bewirken. Franziska hat zum Beispiel erkannt, dass ihr Ziehen an der Schnur bewirkt, dass sie die Rassel erreichen kann. Diese Erkenntnis kann sie jetzt gezielt einsetzen und auch auf andere Gegenstände übertragen. Das Erkennen der Zusammenhänge von Ursache und Wirkung

Frank spielt mit seinem Holzauto. Sein älterer Bruder sagt oft zu ihm: „Das ist dein Holzauto." Der kleine Frank verbindet mit diesem Spielzeug den Begriff Holz. Er spürt, wie Holz sich anfühlt, glatt und warm. Er lernt schnell, dass auch andere Gegenstände aus Holz sind, sein Bettchen, der Tisch, Stuhl und Schränke. Holz ist in vielen Zimmern der Wohnung. Holz kann rund und eckig sein. Frank hat sich auch schon daran gestoßen – Holz ist also hart. Frank wird älter und lernt, dass Holz brennen kann, wenn es nass ist, allerdings nicht. Frank lernt, dass der Baum aus Holz ist, dass Holz lebt, dass seine Eisenbahn vorher ein Baum war, der seine Form – wie auch immer – geändert hat. Er hat auch schon einen Holzsplitter im Finger gehabt und die Erfahrung gemacht, dass es weh tut, wenn seine Mutter ihn mit der Pinzette entfernt. Mit dem Begriff Holz verknüpft er viele Gedanken. Die Erkenntnis, dass das kleine zerbrechliche Streichholz und das große Segelschiff aus dem gleichen Material sind, ist für ihn - wie für alle Kinder – eine enorme Denkleistung.

ebnet die Strukturen für späteres logisches Handeln und Denken. Im Laufe der nächsten Jahre wird das Denken immer differenzierter.

Begriffsbildung – ein sinnliches Erlebnis

Damit sich das Denken jedoch so entwickeln kann, muss das Kind zunächst Begriffe lernen. Damit sind nicht allein Worte wie Tisch, Auto oder Ball gemeint, sondern die vielfältigen Aspekte, die mit einem Begriff zusammenhängen. Begriffsbildung ist auch ein sinnliches Erlebnis. Das Glas von Einweckgläsern fühlt sich ganz anders an als das von Omas teurer Kristallvase. Am Glas kann man sich schneiden. Das tut weh und blutet. Wenn es zerbricht, macht es ein klirrendes Geräusch. Wenn man mit dem Finger über den Rand des Trinkglases streicht, macht es Musik. Die sinnliche Erkenntnis über die Eigenschaften von Gegenständen trägt wesentlich zur Begriffsbildung bei.

Die Erfahrungen, die das Kind über seine Handlungen macht, werden verinnerlicht. Auf diese Weise entwickeln Kinder erste Modellvorstellungen über die Welt. Weil sie vieles noch nicht erklären können, verknüpfen sie Ähnliches nach ihrer eigenen Logik. Flugzeuge sind zum Beispiel für viele kleine Kinder etwas höchst Lebendiges, denn sie können fliegen wie Vögel, und die sind schließlich auch lebendig.

Je mehr Erfahrungen das Kind machen kann, je mehr es kennen lernt, desto mehr Begriffe erwirbt es, desto mehr entfaltet sich sein Denken. Handlungs-

erfahrungen aus unterschiedlichen Bereichen können miteinander verknüpft werden, so dass sie auf Herausforderungen angemessen reagieren können. Kinder lernen über das Handeln, sich Abläufe gedanklich vorzustellen, sie können sozusagen im Denken zur Probe handeln. Allmählich entwickeln sie in ihrem Denken logische Abfolgen. Sie wissen, was zuerst kommt und was danach.

Das Denken wird komplexer

Im Vorschulalter sortiert sich das Denken des Kindes noch einmal neu. Sein Bild von der Welt, das es bis dahin gewonnen hat, wird nun mit wachem Verstand überprüft. Das Vorschulkind ist nun in der Lage, wesentlich komplexere Begriffe zu lernen. Sein Neugierverhalten, seine Entdeckerfreude, seine Lust am Experimentieren führen zu immer verzweigteren Denkmöglichkeiten. Vielfältige Erfahrungen in der Vorschulzeit haben den Vorteil, dass Kinder zum Beispiel in der Schule nicht alle Begriffe neu lernen müssen. Durch ihre Vorerfahrungen können sie gleich Verknüpfungen herstellen und weiterdenken, wo andere Kinder sich mit den Grundlagen auseinandersetzen müssen. Kinder, die gelernt haben, dass eine Sache sehr viel mehr als nur einen bestimmten Aspekt hat, die in Gedanken nach Querverbindungen suchen und unter Umständen auch Erfahrungen aus einem anderen Beispiel heranziehen können, diesen Kindern fällt das Lernen nicht nur sehr viel leichter, es macht ihnen auch mehr Spaß.

Die geistige Entwicklung fördern

Sie als Eltern sind die ersten und einflussreichsten Lehrer Ihrer Kinder. Sie können die geistigen Fähigkeiten Ihres Kind fördern, ohne dass Sie dazu großartige Programme oder intellektuelle Vorkenntnisse brauchen. Sie tun es allein durch die Art und Weise, in der Sie die ersten sechs Lebensjahre mit Ihrem Kind umgehen. Ihr Kind braucht Anregungen und die Möglichkeit, seinen Forscher- und Entdeckerdrang auszuleben. Seine nachdenklichen Fragen brauchen eine Antwort. Der Satz „Das verstehst du noch nicht!" gilt nicht. Es gibt keine zu frühe oder gar überdosierte geistige Anregung, wenn Ihr Kind danach verlangt.

Fordern Sie Ihre Kinder zum Denken heraus. Zum Beispiel über Situationen und Tätigkeiten, die Kinder mit „echten" Problemen konfrontieren – solchen, die sie aus eigener Kraft lösen können.

Olaf und Katarina spielen Federball auf dem Rasen. Beide sind noch nicht so geübt und schlagen mehrere Bälle in die umstehenden Büsche und Tannen. Der letzte Ball hängt jetzt gut sichtbar oben in einer Tanne. Beide überlegen, wie sie den Federball wiederbekommen können. Sie verhandeln und diskutieren, erwägen und verwerfen verschiedene Lösungsmöglichkeiten. Schließlich suchen sie kleine Stöcke und Steinchen, die sie hochwerfen, um den Ball zu treffen – ohne Erfolg. Dann greift Olaf beherzt einen Zweig und rüttelt daran in der Hoffnung, dass der Baum dann wackelt und der Federball herunterfällt. Nichts rührt sich. Schließlich hat Katarina eine neue Idee: Sie rückt mit Olaf den alten Gartentisch unter die Tanne, klettert darauf und klopft mit einem Besen gegen die höheren Tannenzweige. Zu ihrer großen Freude fällt der Ball nach einer Weile tatsächlich herunter. Ihre Eltern verfolgen vom Haus aus die Bemühungen der beiden. Obwohl sie etwas besorgt sind, als Olaf und Katarina auf dem Tisch stehen und mit dem Besen wedeln, halten sie sich mit Hilfsangeboten zurück.

Lassen Sie Ihrem Kind die Chance, selbst etwas herauszufinden. Geben Sie ihm die Informationen, die es dazu braucht. Sie dürfen ihm auch Anstöße geben, Fragen stellen oder es herausfordern. Das fördert das eigenständige Denken. Vorschulprogramme für den „Kopf" sollten sie höchstens als „Zusatzfutter", nicht als Hauptanregung für das Denken einsetzen.

So gut wie alles, was Denken ausmacht, zum Beispiel sortieren und klassifizieren, passiert auch im wirklichen Leben. Ihr Kind lernt es, während es Bestecke in die Schublade sortiert, wenn es den Werkzeugkasten nach Nägeln und Schrauben und diese wiederum nach Größe sortiert. Lassen Sie Ihr Kind solche Aufgaben so oft wie möglich allein ausführen.

Wir lernen leichter, wenn wir entspannt sind. Verlaufen die Gehirnwellen in einem langsameren, großen Muster, sind uns Informationen plötzlich leichter zugänglich.

Wenn Sie also die geistige Entwicklung Ihres Kindes fördern möchten, sollten Sie ihm zwischendurch immer wieder Möglichkeiten zur Entspannung anbieten. Phantasiebilder oder kleine Phantasiereisen lassen sich von Zeit zu Zeit in den Tag einstreuen und machen Kindern und Eltern Spaß.

Eine Entspannungsreise

Gönnen Sie sich und Ihrem Kind eine kleine Verschnaufpause, machen Sie es sich beide gemütlich, vielleicht mögen Sie dabei die Vier Jahreszeiten von Vivaldi hören und erzählen dabei die folgende Geschichte:

„Schließe deine Augen und lausche auf deine Atmung.

Einatmen ... und ... ausatmen ... ein ... und ... aus. Dein Körper entspannt sich immer mehr. Gleich hörst du Musik und nimmst sie mit den Zehen wahr. Du atmest die Musik durch deine Zehen ein ... Und jetzt atmest du die Musik durch deine Fingerspitzen ein ... Fühle die Musik mit deinen Augen ..., deinem Mund ..., deiner Nase ..., fühle sie mit jedem einzelnen Haar auf deinem Kopf. *(An dieser Stelle machen Sie ungefähr eine Minute Pause.)*

Und jetzt kannst du den Geschmack der Musik spüren. Du spürst sie ganz weich und sanft auf deiner Zunge ... Du riechst die Musik und vor dir breiten sich wunderschöne Farben und Bilder zu dieser Musik aus. *(Pause)*

Jetzt rodelst du mit dem Schlitten einen langen Abhang voller Schnee zu dieser Musik herunter. Und du fühlst den Klang des Schnees.

Stell dir vor, dass du zum Klang von blauem Samt tanzt. *(Pause)* Und du riechst den Duft eines Eiswürfels. *(Pause)* Du schmeckst eine Sonnenblume und betrachtest die Oberfläche von rauhem Sandpapier. *(Pause)* Du bewegst dich elegant durch grünen Wackelpudding. *(Pause)* Du schmeckst den tiefsten Ton einer Tuba. *(Pause)* Du fühlst das fröhliche Gelächter von Kindern und hörst die Berührung deines Kuscheltieres. *(Pause)* Du schmeckst das, was dir am meisten Spaß macht.

Jetzt kannst du das Erlebnis, das dir am besten gefallen hat, nochmals in aller Ruhe genießen. *(Eine längere Pause)*

Jetzt ist es Zeit, wieder zu uns zurückzukehren. Strecke und räkel dich wie deine Katze, öffne langsam deine Augen, schau dich um, spüre deinen Körper als Ganzes und in seinen einzelnen Teilen, die Arme, die Beine, den Bauch usw. Jetzt beginne ich, langsam bis zehn zu zählen. Zähle laut mit, wenn ich bei sechs angekommen bin."

Lassen Sie Ihr Kind sich recken und strecken wie eine Katze, damit es wieder ganz wach wird. Manche Kinder mögen gern über ihre Phantasiebilder sprechen, andere zeichnen sie mit Hingabe. Genießen Sie die gemeinsamen Minuten danach. Sie sind oft sehr besinnlich und eindringlich.

Papier sortieren

Geben Sie Ihrem Kind den Forscherauftrag, herauszufinden, wie viele unterschiedliche Sorten Papier es in Ihrem Haushalt gibt. Legen Sie dazu eine kleine Liste an und heften Sie diese an die Pinnwand. Ihr Kind kann jeweils ein Stückchen der unterschiedlichen Papiersorten aufkleben, und Sie schreiben zum Beispiel den Namen dazu. Lassen Sie die Liste hängen. Im Laufe der nächsten Tage und Wochen wird Ihr Kind immer neue Sorten entdecken: Zeitungs-, Haushalts-, Toiletten-, Geschenk-, Butterbrot-, Krepp-, Altpapier etc. Sprechen Sie mit Ihrem Kind darüber, wozu die Papiere verwendet werden. Lassen Sie Ihr Kind die Unterschiede feststellen: Wie fassen sich die Papiere an? Wie sehen Sie aus?

Wohin mit dem Altpapier?

Gehen Sie mit Ihrem Kind zum Papiercontainer, wenn dieser geleert wird. Es kann dann den Lastwagenfahrer selbst fragen, wohin das Altpapier gebracht wird. Sprechen Sie über Recycling. Recyclingfirmen haben meist auch Tage der offenen Tür. Gehen Sie mit Ihrem Kind hin. Es wird viel über diese Kreisläufe erfahren.

Was kann man mit Papier alles machen?

Motivieren Sie Ihr Kind, alle möglichen Techniken mit Papier auszuprobieren: reißen, schneiden, knüllen, falten, kleben etc.

○ Aus gerissenen oder geknüllten Schnipseln kann man eine Collage anfertigen (Blumen, Jahreszeitenbild, Schneemann etc.), indem die einzelnen Teile auf ein Blatt Papier geklebt werden. Lassen sich alle Papiersorten gleich gut schneiden? Welche Erfahrungen macht Ihr Kind?

○ Falten Sie aus Origami- oder anderem Papier verschiedene Figuren, zum Beispiel einen Pfeil oder eine Klatsche.

Feuerforscher

Manche Experimente, die Kinder in ihrem Denken voranbringen, sollten aus Sicherheitsgründen nur gemeinsam mit den Eltern oder unter sorgsamer Anleitung

und Beobachtung gemacht werden. Dazu gehört das „Spiel" mit dem Feuer. Kinder sind fasziniert vom Feuer. Umso wichtiger ist es, dass sie frühzeitig den richtigen Umgang damit lernen.

❍ Suchen Sie an einem windstillen Tag eine geeignete Feuerstelle in Ihrem Garten, auf dem Familiengrill- und Spielplatz, am Strand etc.

❍ Achten Sie darauf, dass Ihr Kind keine Kleidung aus Kunstfasern trägt.

❍ Wenn Sie es nicht schon zu Hause geübt haben, zeigen Sie Ihrem Kind jetzt, wie man Streichhölzer anzündet und wieder ausbläst und lassen Sie es selbst tun. Wiederholen Sie das Gleiche mit einer Kerze.

❍ Mit größeren Kindern können Sie üben, ein Feuer anzuzünden.

❍ Lassen Sie Ihr Kind herausfinden, wie man Feuer am besten löscht. Kann man ein größeres Feuer so leicht wie ein Streichholz oder eine Kerze ausblasen? Kinder sind meist sehr erstaunt, wenn sie erleben, dass das Feuer durch Blasen angefacht wird.

❍ Machen Sie Löschexperimente mit Wasser und Sand.

❍ Zeigen Sie, wie man Flammen durch Austreten oder mit einem Gegenstand erstickt, denn Wasser und Sand sind nicht immer vorhanden.

❍ Machen Sie die Brennprobe: Ihr Kind nimmt eine Reihe von Gegenständen mit, von denen es feststellen will, ob und wie sie brennen. (Achten Sie darauf, dass keine gefährlichen und explosiven Gegenstände darunter sind!)

Logikspiele im Alltag

Logikspiele fördern das mathematische Denken Ihres Kindes.

❍ Lassen Sie Ihr Kind Perlen in einer wiederkehrenden Reihenfolge auffädeln, zum Beispiel zwei rote, zwei blaue Perlen etc.

❍ Spielzeugautos müssen bei der Polizei in einer bestimmten Reihenfolge geparkt werden: ein großes, ein kleines, ein großes Auto etc.

❍ Erfinden Sie gemeinsam weitere logische Reihen aus der Besteckschublade oder den Kaffeetassen etc.

❍ Wenn Sie mit Ihrem Kind Bilderbücher, Zeitschriften und Fotos betrachten, können Sie es durch einfache Fragen zu logischen Überlegungen anregen: „Wie viele Kinder sitzen in der Sandkiste?", „Was wird der Junge als nächstes tun?", „Wozu braucht der Feuerwehrmann den Schlauch?", „Zeige mir alle Tiere mit vier Beinen."

❍ Füllen Sie zwei Beutel mit jeweils gleichen Gegenständen (zum Beispiel Teelöffel, Legostein, Kartoffel, Wattebausch, Zahnbürste etc.). Ihr Kind soll nun in den Beuteln jeweils die Gegenstände ertasten, die zueinander gehören.
Variation: Füllen Sie die Beutel mit den geometrischen Formen (Bauklötze oder Steine aus einem Hämmerchenspiel). Auch jetzt sollen jeweils passende Formen ertastet werden.

❍ Gehen Sie gemeinsam auf die Suche: Wo verstecken sich überall runde, dreieckige oder viereckige Flächen?

Sprache und Sprechen

Kinder werden in eine sprechende Umwelt hineingeboren. Von überall her hören sie Sprache. Eltern und Geschwister, Fernsehen und Radio vermitteln erste Spracherlebnisse. Das kleine Kind muss aus der gehörten Sprache Wörter heraushören und Bedeutungen mit Inhalten verknüpfen. Es lernt allmählich, wie Wörter in Sätze eingebunden sind, und dass Sprache situationsabhängig ist. Denken und Sprache stehen in einem ganz engen Zusammenhang. Durch die gesprochene Sprache, die das Kind in seiner Umgebung hört, wird es in die Denkweise der Menschen seiner Welt eingeführt.

Kinder lernen ihre Muttersprache nicht über ein bloßes Imitieren der gehörten Sprache. Sprechen lernen ist ein sehr komplizierter Prozess, in dem ständig nach Strukturen gesucht wird und neue Strukturen gebildet werden. Umso erstaunlicher ist es, dass Kinder eine so umfangreiche und komplizierte Aufgabe wie das Sprechenlernen in einem Alter bewältigen, in dem sie zu vergleichbar komplizierten anderen geistigen Leistungen nicht in der Lage sind.

Ein Säugling kann zum Beispiel schon kurz nach der Geburt zwischen Sprachlauten und nicht-sprachlichen Lauten unterscheiden. Zwischen dem zehnten und dem vierzehnten Monat beginnt der Säugling dann erste Wörter wie Wauwau oder Dada zu sprechen. Um das zweite Lebensjahr herum beherrscht das Kind bereits zweihundert Wörter. Diese rasante Zunahme von Wörtern wird auch als Benennungsexplosion bezeichnet. Binnen sechzehn Jahren hat es dann einen Grundwortschatz von ungefähr 60.000 Wörtern. Dafür ist es notwendig, dass das Kind täglich etwa neun neue Wörter dazu lernt. Eine wahrhaft bedeutende Leistung. An Ihrem Vorschulkind können Sie entdecken, dass es jetzt die wichtigsten Satzkonstruktionen beherrscht. Nur mit der Grammatik steht es manchmal noch auf Kriegsfuß. Das ist normal: „Ich habe den Schlauch aus Versehen umgebiegt."

Am Ende der Vorschulzeit kann Ihr Kind fast alle Wörter richtig aussprechen, eine wichtige Voraussetzung für das Lesen- und Schreibenlernen.

Reden ohne Punkt und Komma

Hanna ist ein aufgewecktes Mädchen. Im Spiel unterhält sie sich viel mit anderen Kindern. Manchmal denkt sie noch laut, wenn sie allein spielt. Den ganzen Tag über hat sie Fragen an ihre Mutter oder die älteren Geschwister: „Warum bleibst du heute zu Hause?" „Warum scheint die Sonne nie in der Nacht?" „Warum gibt es Kriege?" Sie teilt auch gern ihre neuesten Erkenntnisse mit. Sie spricht praktisch den ganzen Tag.

Redet Ihr Kind auch ohne Punkt und Komma? Das ist bei Vorschulkindern häufig zu beobachten. Ihr Denken und Sprechen hat sich entfaltet. Sie können jetzt vieles ausdrücken, fragen und erklä-

ren. Ihr Weltbild verändert sich, denn neue Erkenntnisse kommen durch Forschen und Experimentieren und die Möglichkeit, auch kompliziertere Zusammenhänge zu verstehen, hinzu. Außerdem haben sie eine blühende Phantasie und können die tollsten Geschichten und Zusammenhänge erfinden. Auch die erstaunlichen Dinge, die es zu sehen, zu hören, zu entdecken und zu erkennen gibt, müssen einfach mitgeteilt, besprochen, hinterfragt werden.

Eltern sind manchmal besorgt, weil ihr Kind noch nicht so viel spricht wie andere Kinder. Sprachforscher haben herausgefunden, dass Kinder sich im Tempo ihres Spracherwerbs unterscheiden, dieses je-

doch später keine nachteiligen Auswirkungen auf die Sprachfähigkeit hat. Es gibt allerdings auch qualitative Unterschiede, das heißt, manche Kinder haben einen umfangreicheren Wortschatz und können sich differenzierter ausdrücken – für das spätere schulische Lernen ein großer Vorteil. Ob ein Kind dazu in der Lage ist, hängt aber wesentlich davon ab, welche Erfahrungen mit Sprache das Kind durch seine Eltern machen konnte. Kinder, mit denen viel gesprochen wurde, denen vieles erklärt wurde, haben umfangreichere Ausdrucksmöglichkeiten. In jedem Fall haben sprachliche Vorgänge eine positive Wirkung auf die intellektuellen Leistungen von Vorschulkindern.

Die Sprachentwicklung fördern

Die meisten Eltern machen es ohnehin unbewusst richtig. Sie sprechen viel mit Ihrem Kind, und zwar nicht in einer Baby- oder Kleinkindsprache, sondern sie behandeln es wie einen verständigen Menschen. Durch Gespräche fördern Sie automatisch den Spracherwerb Ihres Kindes.

Tipps zur Sprachförderung

○ Sprechen Sie deutlich, damit Ihr Kind die richtige Aussprache von Wörtern lernen kann.

○ Korrigieren Sie nicht seine fehlerhafte Aussprache, indem sie es Wörter immer wieder üben lassen. Wiederholen Sie lieber den Satz mit der richtigen sprachlichen Variante.

○ Verwenden Sie im Gespräch auch Wörter, die Ihr Kind noch nicht versteht. Es wird sie in seinen passiven Wortschatz aufnehmen. Kinder wie auch Erwachsene verstehen sehr viel mehr Wörter als sie aktiv anwenden.

○ Sprechen Sie häufig mit Ihrem Kind über die Themen und Fragen, die es an Sie heranträgt. Kinder beschäftigen sich oftmals über eine längere Zeit mit einem Thema. Gerade in der Vorschulzeit, in der sich das Weltbild ändert und Kinder sich auch über die Probleme der Welt Gedanken machen, ist ihnen manches noch nicht klar oder wirft neue Fragen auf. Gehen Sie darauf ein, auch wenn Sie denken, dass eigentlich schon alles gesagt ist.

○ Stellen Sie Ihren Kindern Fragen: „Wie kommt es eigentlich, dass der Tunnel in der Sandkiste immer wieder einstürzt?" So lernt Ihr Kind, Gedanken und Erklärungen in Worte zu fassen, sich verständlich auszudrücken.

○ Sprechen Sie mit Ihrem Kind, während Sie zum Beispiel gemeinsam abwaschen: „Erst kommen die Gläser an die Reihe. Danach nehmen wir die Teller." Das ist ein hervorragendes Sprachtraining. Beziehen Sie Ihr Kind in alle Unterhaltungen mit ein, im Auto, beim Abwaschen, bei der Gartenarbeit. Nutzen Sie jeden interessanten Gesprächsstoff, um den Wortschatz und die sprachliche Gewandtheit Ihres Kindes zu erweitern.

○ Über Sprache lernt Ihr Kind auch, sich zu entscheiden. „Wollen wir heute Nachmittag lieber auf den Spielplatz fahren oder Katrin besuchen?" Ähnlich verhält es sich mit dem vorausschauenden Denken: „Wenn du dein Tuschglas nicht so dicht an den Rand stellst, kann es nicht herunterfallen, falls die Unterlage verrutscht."

○ Sprache ist ein Kommunikationsmittel und hat deshalb auch viel mit Zuhören und Verstehen zu tun. Lesen Sie Ihrem Kind viel vor und erzählen Sie Geschichten. Sprechen Sie anschließend darüber.

Im fernen Lande Lutschistan

Es steht im Lande Lutschistan
(das ist im Fernen Osten)
ein Pavillon aus Marzipan
auf sieben Kandispfosten.

Man kommt zu diesem Pavillon
auf Pferden und in Kutschen.
Denn einmal jährlich darf man von
den Kandispfosten lutschen.

Die Lutschistaner, klein und groß,
die pilgern zu den Pfosten,
und augenblicklich geht es los,
das Schlecken und das Kosten.

Das ist am letzten Faschingstag
und macht dem Volk Vergnügen.
Denn jedermann, der will und mag,
lutscht dann in vollen Zügen.

Die einen schlecken vorne und
die andern an den Seiten.
Denn Kandiszucker ist gesund,
das kann kein Mensch bestreiten.

Das Lutschen ist in Lutschistan
(der Name sagt es) üblich.
Doch für das Haus aus Marzipan
ist es im Grund betrüblich.

Denn lutscht man dort auch weiterhin
(sei's auch nur einmal jährlich),
dann lutscht man alle Pfosten dünn,
und das ist recht gefährlich.

Ein dünngelutschter Pfosten kann
als Pfosten kaum noch nützen,
und Pavillons aus Marzipan
am Ende nicht mehr stützen.

Oft hört der Lutschistaner Zar
darüber große Klagen.
Drum will der Zar im nächsten Jahr
das Lutschen untersagen.

O gute alte Tradition,
dann ist's um dich getan!
Denn Lutschistan wird balde schon
zu Nimmerlutschistan!

James Krüss
(aus: Gedichte für die Grundschule,
Diesterweg, Frankfurt a. M. 1969)

Wieso – Weshalb – Warum: Kinder haben viele Fragen

Aus gutem Grund wurden diese drei Wörter zum Titelsong der Vorschulserie „Sesamstraße" gewählt. Kinder zwischen dem dritten und dem sechsten Lebensjahr, also Kinder im Vorschulalter, sind eben auch in einem außerordentlich intensiven und für Eltern manchmal anstrengendem Fragealter. Wer kann schon immer gelassen bleiben, wenn der Nachwuchs für heute die fünfundzwanzigste Warum-Frage stellt und man eigentlich viel lieber in Ruhe im Sessel sitzen will?

Kinder können noch staunen. Sie wollen dem Prinzip von Ursache und Wirkung auf den Grund gehen. Das ist der Antrieb zum Denken, Sprechen und Fragen. Das Fragen ist ebenso wie das Staunen von einer ganz intensiven Neugierhaltung geprägt. Mit ihren Fragen versuchen Kinder ihr Denken zu strukturieren. Sie wollen Zusammenhänge verstehen, die sie mit ihrem eigenen Wissen noch nicht erklären können, sie möchten den Phänomenen, denen sie begegnen, auf den Grund gehen. Deshalb müssen sie zwangsläufig Fragen stellen.

„Und was meinst du?"
Kindliche Fragen gehen häufig von ganz konkreten Dingen aus und führen fast zwangsläufig zu immer abstrakteren Zusammenhängen. Kinder und Eltern gelangen nicht selten zu nahezu philosophischen Themen. Warum ist dieser Fisch gestorben? Wo war ich vor meiner Geburt? Warum muss ich groß werden? Nicht immer erwischen uns solche Fragen auf dem richtigen Fuß, nicht immer fällt uns eine Antwort ein. Aber wenn Sie sich auf solche Fragen einlassen, werden Sie sicherlich bemerken, wie spannend es ist, sich mit solch einem kleinen, offenen und neugierigen Menschen gemeinsam auf die Suche nach Antworten zu begeben.

Wenn Ihr Kind Ihnen eine Warum-Frage stellt, überlegen Sie, ob Ihre Antwort wirklich die einzig richtige ist. Manchmal kommt man durch Kinderfragen selbst ins Grübeln und erhält Denkanstöße. Nutzen Sie, so oft es geht, die Möglichkeit zu Gegenfragen. Dadurch werden häufig weitere Denkprozesse ausgelöst. Fragen wie: „Warum miaut die Katze?" oder: „Warum sprichst du?" führen oft zu erstaunlichen Erkenntnissen.

Von der Was- zur Warum-Frage

Von ca. eineinhalb bis drei Jahren sind es die Was-Fragen, die die kindliche Fragehaltung bestimmen. Sie tragen zu einer beträchtlichen Erweiterung des Wortschatzes bei.

Mit drei Jahren beginnt dann das zweite Fragealter, dessen Höhepunkt im vierten und fünften Lebensjahr liegt. Dieses Fragealter ist durch die Warum-Frage gekennzeichnet. Kinder fragen nach Zusammenhängen, wollen Erklärungen für alle möglichen Dinge und Angelegenheiten. Warum donnert und blitzt es? Warum muss ich jetzt ins Bett gehen? Warum gehst du heute nicht arbeiten?

Wenn Sie die Fragen Ihrer Kinder beantworten, ist es wichtig, dieses ausführlich zu tun. Belassen Sie es nicht bei einer knappen Antwort. Erwähnen Sie alle Dinge, die mit der Frage in Zusammenhang stehen. Sicher, das führt oft zu längeren Gesprächen und ist manchmal ein Zeitproblem. Aber Sie fördern damit ganz wesentlich die Begriffsbildung. Bei Was-wäre-wenn-Fragen lassen Sie in jedem Fall Ihr Kind vorher vermuten, was wohl passieren wird. Fragen Sie: „Was meinst du, wird passieren?" Kinder lernen auf diese Weise, Hypothesen zu bilden.

Nützlich ist es auch, an die Vorkenntnisse des Kindes anzuknüpfen, es an ähnliche Fälle zu erinnern. Regen Sie das Kind an, Feststellungen bei nächster Gelegenheit zu überprüfen. Bringen Sie mehrere Beispiele bei.

Antworten in Bibliothek und Internet

Manchmal kommen Kinder mit Fragen, die man nicht oder nicht gleich beantworten kann. Schlagen Sie gemeinsam mit Ihrem Kind im Lexikon nach, schauen Sie ins Internet, gehen Sie gemeinsam in die Bücherei oder überlegen, wo es Informationen zu dem Thema gibt. Auf diese Weise erfährt Ihr Kind, dass es natürlich ist, nicht auf alle Fragen eine Antwort zu haben und es lernt, auf welchem Weg man sich Informationen beschaffen kann. Für das schulische Lernen sind die Fragehaltung und der Wille und die Fähigkeit, sich selbst Informationen zu beschaffen, von großer Bedeutung. Legen Sie sich ein gutes Lexikon zu oder ein entsprechendes Programm für den Computer. Kaufen Sie auch Ihrem Kind ein erstes Lexikon.

Vom Umgang mit Fragen

Die beste Antwort auf Fragen ist oftmals, zu sagen: „Komm mit, ich zeig es dir" oder „Du kannst es selbst ausprobieren". Wenn Sie wissen, dass zum Beispiel der Opa, die Erzieherin oder der Bäcker die Frage viel besser beantworten kann, können Sie die Frage auch weitergeben. Sorgen Sie aber dafür, dass die Frage nicht in Vergessenheit gerät. Am besten, sie wird gleich aufgeschrieben. Oder lassen Sie Ihr Kind telefonieren.

Es ist in Ordnung, auch fremden Personen wie dem Bäcker, dem Müllmann oder dem Polizisten Fragen zu stellen. Sie können Ihrem Kind zeigen, wie man Kontakt herstellt: „Meine Tochter hat eine Frage an Sie …", sodass es später auch allein fragen kann.

Eltern und Geschwister sind manchmal genervt von der Intensität der Fragen. Es geht nicht nur immer um Wirkungszusammenhänge, sondern neben philosophischen auch um theologische und naturwissenschaftliche Hintergründe, die bisweilen nicht einfach zu beantworten sind. Sie dürfen Ihrem Kind schon humorvoll sagen, dass die Fragen manchmal ganz schön kniffelig und anstrengend sind. Aber nehmen Sie sie trotzdem ernst. Ermuntern Sie Ihr Kind zu weiteren Fragen, sodass seine Neugier befriedigt werden kann. Fragen bedeutet schließlich „Infragestellen". Das ist auch für das Erwachsenenalter bedeutsam. Kommentare wie „Frag nicht so viel" oder „Lass mich mit deinen Fragen in Ruhe" können dazu führen, dass das kindliche Interesse erlischt. Es später wieder zu wecken, ist manchmal nicht mehr möglich.

Wahrnehmen mit allen Sinnen

Wenn Eltern an die Entwicklung und Förderung ihrer Kinder denken, denken sie meistens an die geistige Förderung – die Schule wirft ihre Schatten voraus. Inzwischen weiß man, dass zum Lernen mehr als nur der Kopf vonnöten ist, dass die ganze kleine Persönlichkeit gefördert werden muss. Die sinnliche Erfahrung, Wahrnehmungseindrücke sind die Bausteine geistiger Erkenntnis.

Die Sinne müssen gut entwickelt sein
Riechen, Schmecken, Hören, Tasten und Sehen, das sind die Sinne, über die Kinder Kontakt mit ihrer Umwelt aufnehmen. Die Erfahrungen, die sie mit den Lebewesen, Dingen und Erscheinungen dieser Welt machen, werden als sensorische Reize an das Gehirn weitergeleitet. Das Gehirn sammelt alle Informationen, wertet sie aus und speichert sie. Es kann die Informationen nur so aufnehmen, wie es sie über die Sinne erhält.
Lernen braucht alle Sinne. Für Kinder ist es deshalb nicht nur von elementarer Bedeutung, vielfältige Sinneserfahrungen zu machen, ihre Sinne müssen auch gut funktionieren. Dann ist die Basis für erfolgreiches Lernen vorhanden.

Barfuß durch den Matsch
Unsere zivilisierte Welt hat zusehends den Lebens- und Erfahrungsraum von Kindern eingeschränkt. Kinder können nicht mehr unbekümmert ihre Umwelt erkunden. Sie ist zugebaut und auch der Verkehr trägt dazu bei, dass Kinder die Natur häufig nur noch aus zweiter Hand erleben: über Fernsehen, Bücher und andere Medien. Sie können die Dinge nicht mehr wirklich „begreifen". Wo kann ein Kind heute noch über Baumstämme und Steine balancieren, auf Bäume klettern, in einen Heuhaufen springen, barfuß über eine feuchte Wiese oder durch Matsch laufen. Kindern heute fehlen grundlegende sinnliche Erfahrungsmomente. Eine erfolgreiche Lernförderung im Vorschulalter muss deshalb immer auch eine Förderung der Sinne sein. Kinder, die nicht balancieren können oder deren Körperwahrnehmung eingeschränkt ist, haben zum Beispiel häufig Schwierigkeiten mit bestimmten mathematischen Aufgaben. Sinnesschulung ermöglicht dem Kind, seine Potentiale zu entfalten, seine Antennen auf Empfang zu schalten, und bereitet damit zwanglos und natürlich auf die Schule vor.

Wie viele Sinne hat der Mensch?

- Wissenschaftler unterteilen die Sinne in eine unterschiedlich große Anzahl.
- Die geläufigsten Sinnessysteme sind das visuelle System (Sehen), das auditive System (Hören), das taktile System (Tasten, Fühlen), das olfaktorische System (Riechen) und das gustatorische System (Schmecken).
- Darüber hinaus verfügt der Mensch über ein kinästhetisches System (Bewegungs-, Kraft- und Stellungssinn) und ein vestibuläres System (Gleichgewichtssinn).

Fördern Sie den stärksten Sinn Ihres Kindes

Eigentlich jeder Mensch hat einen bevorzugten Sinneskanal. Das geschieht nicht bewusst, sondern entwickelt sich allmählich. Es gibt visuelle, auditive oder taktile Menschen. Das heißt nicht, dass ein Sinn ausschließlich genutzt wird. Aber er liefert meistens die ersten Informationen, nach denen etwas wahrgenommen wird.

Der Geruchs- und der Geschmackssinn haben beim Lernen keine zentrale Rolle. Der bevorzugte Sinneskanal ist auch der, über den die meisten Lerninformationen aufgenommen werden. Bei Kindern ist das auch schon so.

Frederick sitzt oft vor seinem Aquarium und beobachtet die Fische. Er weiß, wo sich der Bratpfannenwels immer versteckt hält, wann er aus seinem Versteck kommt, wie die anderen Fische sich verhalten. Er nimmt Veränderungen an den Pflanzen wahr und sieht, wenn ein Fisch krank wird. Frederick nimmt seine Welt vor allem über seinen visuellen Sinn wahr.

Olaf ist Spezialist für Geräusche. Er kann mit seinen sechs Jahren schon verschiedene Automarken am Motor erkennen. Seine Sätze beginnen oft mit den Worten: „Du, hör mal zu …" *Olaf erlebt die Welt besonders intensiv über seinen auditiven Sinn.*

Karina will alles anfassen, bevor sie etwas darüber erzählen kann. Sie benutzt zum Zählen die Finger, ist dauernd in Bewegung. Karina lernt vorzugsweise über ihren taktilen Sinn.

Solange das Lernen von den Kindern selbst organisiert wird, ist es noch nicht so entscheidend, den jeweiligen bevorzugten Sinneskanal Ihres Kindes zu kennen. In der Schule aber wird Ihr Kind mit Lernformen konfrontiert, die überwiegend auditiv und visuell ausgerichtet sind. Das Lernen über die anderen Sinne (Bewegung, Tastsinn) und das Handeln des Kindes wird kaum angesprochen. Wenn Sie dann den bevorzugten Sinn Ihres Kindes kennen, können Sie Ihr Kind zu Hause besser unterstützen.

Geschichten erzählen für jeden Sinn

Wenn Kinder etwas lernen sollen, ist es sinnvoll, zunächst ihren stärksten Sinn anzusprechen und dann die anderen als Unterstützung hinzuzuziehen. Nutzen Sie dieses Wissen, wenn Sie Ihrem Kind etwas Wichtiges sagen oder erklären wollen. Wenn Sie Geschichten erzählen, können Sie zum Beispiel ganz bewusst mit Worten malen, Sie können Größe und Farben genau beschreiben, Sie können Abläufe ausgeschmückt schildern. Oder Sie lassen in den Geschichten Töne erklingen. Die Vögel zwitschern fröhlich, die Grillen zirpen, die Autos hupen, die Tauben gurren, die Kinder rufen laut. Oder Sie sprechen den taktilen Sinn an. Die raue Rinde des Baumes, das feuchte Gras unter den Füßen, das warme Wasser in der Badewanne. Ihrer Kreativität sind keine Grenzen gesetzt. Kinder, die in ihrem bevorzugtem Sinneskanal angesprochen werden, nehmen mehr und leichter auf, als wenn sie erst von einem anderen Kanal in den ihrigen übersetzen müssten.

Die Sinnesentwicklung fördern

Das fördert die visuelle und auditive Wahrnehmung
○ Geeignetes Material bereitstellen zum Experimentieren
○ Mit Kindern über die Experimente sprechen
○ Kinder so viel wie möglich ausprobieren lassen – kleine Gefahren eingeschlossen. Keine Ergebnisse vorwegnehmen
○ Kinder bei den alltäglichen Hausarbeiten beteiligen: Abwaschen, Staubsaugen, Rasen mähen, kleinere Reparaturen etc.

Das fördert den Tastsinn
○ Nehmen Sie Ihr Kind oft auf den Schoß, wenn es das möchte
○ Drücken und kraulen Sie es
○ Lassen Sie es häufig baden
○ Nehmen Sie sich die Zeit, Ihr Kind zu frottieren und einzucremen
○ Erlauben Sie Ihrem Kind, möglichst alles anzufassen
○ Lassen Sie es mit Wasser und Sand experimentieren

Das fördert den Gleichgewichtssinn und die Körperwahrnehmung
○ Kniereiterspiele
○ Alle Körperspiele mit Ringen und Rangeln
○ Springen und Hüpfen von Treppen, Absätzen etc.
○ Schaukel und/oder Hängematte (Bringen Sie sie in einer Höhe an, in der das Kind allein hinaufklettern und sich vom Boden abstoßen kann.)
○ Rollen und Schaukeln in einer Decke
○ Pezzi-Ball zum Hüpfen und Sitzen
○ Matratzen zum Bauen und Springen
○ Trampolin

Augen auf (Visuelle Wahrnehmung)

Suchspiele
○ Überlegen Sie sich vor Spaziergängen, Reisen, Ausflügen drei Dinge, die unterwegs entdeckt werden müssen, zum Beispiel ein Kind auf einem blauen Fahrrad, eine Frau mit Koffer, ein Hund. Wer als Erster eines der gesuchten Objekte entdeckt, darf sich beim nächsten Mal drei Dinge überlegen.
○ Auf Autofahrten können Sie Suchspiele anregen: Wie viele Autos werden von Frauen gefahren, wie viele

von Männern? Verabreden Sie mit Ihrem Kind, wer in der nächsten Minute die Frauen zählt und wer die Männer. Sie können auch Farben, Automarken, bestimmte Nummernschilder etc. zählen.

Formen sammeln

Gehen Sie mit Ihrem Kind auf Entdeckungstour: Was ist alles rund/viereckig/dreieckig/ bei uns im Wohnzimmer/draußen in der Natur/im Auto etc.? Lassen Sie Ihr Kind nach bestimmten Farben fahnden.

Mein Lieblingsstein

Sammeln Sie gemeinsam auf einem Spaziergang am Strand Steine. Betrachten Sie die Steine genau. Ihr Kind sucht sich einen Lieblingsstein aus und prägt sich ihn genau ein. Was unterscheidet ihn von den anderen? Ist er kleiner, flacher oder rauer als die anderen? Sie legen dann die Steine in einer anderen Anordnung auf ein Tuch und Ihr Kind soll nun seinen Lieblingsstein herausfinden.

Zielball

Mehrere Blechdosen oder größere Bausteine werden aufgestapelt. Ihr Kind versucht, mit einem Tennisball den Stapel umzuwerfen.
Variation: Ihr Kind versucht, den Ball in eine leere Waschmitteltonne zu werfen.

Mit der Lupe auf Entdeckungstour

Kaufen Sie Ihrem Kind eine Kinderlupe. Damit kann es die Dinge heranholen oder von sich entfernen. Es kann draußen kleine Käfer oder Regenwürmer beobachten, Blätter betrachten und vieles mehr.

Farben finden

Dieses Spiel können Sie immer und überall spielen. Fragen Sie Ihr Kind: „Welche Farbe kommt in deiner Kleidung heute am häufigsten vor?", „Wievielmal entdeckst du in diesem Zimmer Rot/Grün/Gelb?" etc.

Ganz Ohr (Auditive Wahrnehmung)

Unsere Wohnung macht Geräusche
Ihr Kind schließt die Augen. Was ist alles zu hören? Tropft der Wasserhahn, gluckst die Heizung? Spielen Sie mit. *Variation:* Spielen Sie das Spiel im Wald, am Strand, auf einer Straße etc.

Ein Bilderbuch wird vertont
Suchen Sie ein Bilderbuch oder eine Vorlesegeschichte, zu der Ihr Kind sich Geräusche ausdenken kann. Dazu soll es auch seine Stimme und andere klingende Alltagsmaterialien einsetzen.

Stille Post
Ihre Familie sitzt im Kreis. Einer flüstert seinem Nachbarn ein Wort oder einen Satz ins Ohr. Dieser soll es bzw. ihn seinem nächsten Nachbarn zuflüstern. Der letzte sagt die Nachricht laut. Hat sie sich auf dem Weg verändert?

Erbsenballon
In einen Luftballon werden vor dem Aufblasen einige getrocknete Erbsen gesteckt. Nach dem Aufblasen wird er zugeknotet. Bei jeder Bewegung macht er Geräusche. *Variation:* Ballons mit Bohnen, kleinen Papierkügelchen, einer kleinen Glocke füllen und das Kind raten lassen, was in ihnen steckt.

Hörrohr
Lassen Sie Ihr Kind mit einer Papprolle (Haushaltspapier, Toilettenpapier, Geschenkpapier) auf eine spannende Geräuschejagd gehen. Es kann den Kühlschrank abhören, den Herzschlag des Hundes, das Blubbern der Heizung, den Bauch der Freundin. Wie klingen die verschiedenen Geräusche? Wie funktioniert ein Hörrohr? etc.

Fühl mal (Taktile Wahrnehmung)

Tastkisten

Funktionieren Sie einen Schuhkarton zu einer Tastkiste um. Füllen Sie zum Beispiel im Herbst Kastanien, Bucheckern, Eicheln und andere Baumfrüchte hinein. Es ist schön, in der Kiste herumzuwühlen. Was fühlt man mit offenen, was mit geschlossenen Augen? Wechseln Sie von Zeit zu Zeit den Inhalt der Fühlkiste. *Variationen:* unterschiedliche Papiersorten, weiche und harte Gegenstände, kalte und warme etc.

Fühlsack

Legen Sie drei Gegenstände in ein Säckchen oder einen Turnbeutel, die Ihr Kind erfühlen soll. *Variation:* Nehmen Sie jeweils zwei gleiche Gegenstände, damit Ihr Kind Paare finden kann.

Postpaket

Wickeln Sie Ihr Kind beim gemeinsamen Toben im Bett in die Bettdecke ein, sodass vom Kind nichts mehr zu sehen ist (Luftloch lassen). Erzählen Sie dazu, dass es jetzt als Paket verschickt wird. Dazu muss es gut verpackt werden. Sie wickeln Ihr Kind ins Bettdeckenpapier, kleben auf die Ränder imaginäre Klebestreifen, wickeln ein Band drumherum und verknoten es. Sie schreiben die Adresse und den Absender darauf. Dann wird das Paket zur Post getragen, erhält eine Briefmarke und einen Stempel und zum Schluss fliegt das Paket aufs Rüttelband.

Wie schmeckt denn das? (Geschmackssystem)

Lebensmitteltester

Bereiten Sie kleine Kostproben verschiedener Lebensmittel vor, zum Beispiel verschiedene Obstsorten. Lassen Sie Ihr Kind mit verbundenen Augen „testen", ob es alle Obstsorten herausschmecken kann. *Variation:* Verschiedene Getränke probieren: Milch, Kakao, Mineralwasser, Orangensaft, Apfelsaft etc.

Saft-Bar

Stellen Sie gemeinsam mit Ihrem Kind verschiedene Obst- und Gemüsesäfte her (pressen/entsaften). Ihr Kind testet mit geschlossenen Augen, wie die Säfte schmecken und beschreibt die Unterschiede.

Mit der Nase vorneweg (Geruchssystem)

Kräuter erraten

Wählen Sie mit Ihrem Kind drei frische oder getrocknete Gewürze aus, die es kennt. Es wählt sich ein Gewürz aus, dessen Duft es sich einprägt. Nun erschnuppert es mit geschlossenen Augen das gesuchte Gewürz.

Kräuterbeet

Bepflanzen Sie mit Ihrem Kind kleine Blumentöpfe mit verschiedenen duftenden Kräutern, zum Beispiel Salbei, Thymian, Minze, Basilikum. Sie können die geernteten Kräuter für einen Salat verwenden oder einen Kräuterquark zubereiten.

Die Bewegungsentwicklung

> Bewegung ist das Tor zum Lernen.
> (Paul E. Dennison)

Neben den Sinnen Sehen, Hören, Riechen, Schmecken und Fühlen, die dem Kind Informationen über die Außenwelt vermitteln, gibt es einen Sinn für Bewegung und Gleichgewicht, den Vestibulärapparat. Er liefert Informationen über Schwerkraft, Bewegung, Muskeltätigkeit und die Position, in der wir uns im Raum befinden. Dieser Sinn ist zum Lernen von großer Bedeutung, denn durch Bewegung erscheint die Umwelt immer wieder neu.

Körper und Geist gehören zusammen

Geistige Tätigkeiten und körperliche Aktivitäten wurden lange Zeit als zwei unabhängige Bereiche im menschlichen Leben betrachtet. Inzwischen weiß man, dass Denken, Sprechen, Emotionen und Bewegung in einem engen Beziehungsgeflecht stehen.

Bewegung ist zum Lernen absolut erforderlich. Bereits im Mutterleib ist es Bewegung, die dem Kind ein Gefühl von der Welt vermittelt. Über Bewegung nimmt das kleine Baby dann Kontakt zu seiner Umwelt auf. Es wendet den Kopf seiner Mutter zu, es greift die Rassel oder den Schmuseteddy. Bewegung ermöglicht dem Kind, etwas über die Beschaffenheit der Dinge dieser Welt zu erfahren. Indem es sein Spielzeug anfasst und bewegt, lernt es zum Beispiel, hart und weich, leicht und schwer zu unterscheiden.

Jeder Schritt in der motorischen Entwicklung, die sich vom Kopf zu den Füßen hin ausbreitet, ermöglicht dem Kind neue Lernprozesse. Kleine Kinder lernen sehr schnell die physikalischen Gegebenheiten dieser Welt kennen und passen ihre Bewegungen daran an. Der Tisch weicht nicht aus. Er steht fest im Raum und man muss daran vorbeilaufen, um sich nicht zu stoßen. Bewegung schafft körperliche Erfolgserlebnisse. Je mehr Kinder sich bewegen, desto geschickter und selbstständiger werden sie, und Bewegung verschafft Kindern nicht nur Selbsterfahrung, sie erhalten auch Selbstbestätigung.

Wenn Ihr Kind sich bewegt, kann es den Wind in seinem Gesicht spüren. Es kann seine Gedanken in die Tat umsetzen. Es kann seine Gefühle in seinem Gesicht und seinem Verhalten zum Ausdruck bringen. Freude, Wut, Zorn, Liebe haben ganz unterschiedliche Ausdrucksformen. Musik und Klänge werden in Bewegung umgesetzt und ermöglichen neue Körpererfahrungen.

Bewegung hilft auch, Gedanken „festzunageln". Jeder noch so gute Gedanke verschwindet leicht aus dem Gedächtnis, wenn er nicht aufgeschrieben oder, bei Vorschulkindern, aufgemalt wird. Durch die Bewegung der Hand wird die Verbindung zu den Gedanken hergestellt. Immer wenn Bewegung und Berührung mit den anderen Sinnen kombiniert werden, wird ein größerer Teil des Gehirns aktiviert, und viele unserer geistigen Fähigkeiten

Bewegung macht klüger

Über Bewegung

❍ lernen Kinder den eigenen Körper und sich selbst kennen;
❍ lernen Kinder miteinander zu kommunizieren;
❍ erfahren Kinder Gefühle und Empfindungen;
❍ drücken Kinder ihre Gefühle und Empfindungen aus;
❍ erschließen Kinder sich die räumliche und dingliche Umwelt und setzen sich mit Materialien auseinander;
❍ stellen Kinder etwas her;
❍ vergleichen Kinder einander, wetteifern mit anderen;
❍ lernen Kinder körperliche Grenzen kennen und akzeptieren.

Sandra will wie ihr Vater einen Apfel in einem Stück schälen können. Sie hat ihm oft dabei zugeschaut und sich den Umgang mit dem Sparschäler erklären lassen. Es sah alles ganz leicht aus. Seit einigen Wochen probiert sie es immer wieder. Zunächst hat sie mit dem Sparschäler viel zu tief angesetzt und größere Löcher in den Apfel gehackt. Nach vielen mühsamen Versuchen hat sie gelernt, ihre Kraft besser zu dosieren. Nachdem sie zunächst lauter kleine Stückchen schälte, geht sie inzwischen ganz geschickt mit dem Schäler um. „Bald schaffe ich es wie du", sagt sie zu ihrem Vater.

werden durch Bewegung erst aktiviert. Praktische Erfahrungen über Bewegung und eigenes Tun verstärken das Lernen. Das bleibt unser ganzes Leben lang so. Kinder können nur über eigenes Handeln, über die eigene Erfahrung lernen, zum Beispiel, wenn sie üben, Saft einzuschenken, ohne dabei zu kleckern. Ihre theoretische Erkenntnis, dass die volle Flasche schwerer ist als die fast leere Flasche, hilft zunächst wenig, Ihr Kind muss erfahren, wie schwer die Flasche ist. Es muss lernen, seine Kraft einzusetzen, Geschicklichkeit zu entwickeln. Dazu braucht es viele unterschiedliche Situationen zum Üben. Nur so können Kraft, Gelenkigkeit, Ausdauer, Schnelligkeit und Gleichgewicht zu einer harmonischen Einheit werden.

Die Bewegungsentwicklung fördern

Kinder brauchen viele Bewegungsanreize, damit sie lernen, ihren Körper zu beherrschen. Beim Balancieren zum Beispiel wird das Gefühl für Gleichgewicht entwickelt. Ob ein Balken kurz oder lang, schmal oder breit ist, wird nicht nur über das Auge, sondern auch über die Bewegung erfahren. Vorschulkinder machen sich ein Bild davon, wie viel Anlauf sie nehmen müssen, um über die Pfütze zu springen. Manchmal verschätzen sie sich noch. Aber jede Erfahrung hilft, Bewegungen besser einschätzen zu können. Beim Klettern, Balancieren und Überwinden von Hindernissen lernen Kinder ihre

Bewegungen zu koordinieren, und entwickeln ein differenziertes Schema von ihrem Körper. Das betrifft auch die feinen Bewegungsabläufe. Kinder müssen erst lernen, wie man einen Stift hält, ohne beim Malen immer die Spitze abzubrechen, oder wie man mit einer Schere schneiden kann. Mit einer gut entwickelten Motorik gelingen diese Tätigkeiten viel besser. Basteln Sie mit Ihrem Kind, lassen Sie es reißen, falten, knüllen, kleben, schneiden, damit es seine Hände trainieren kann.

Wer sich bewegt, wechselt die Perspektive

Vorschulkinder sind dauernd in Bewegung. Sie sitzen auf und unter Tischen, sie klettern auf Bäume und hängen kopfüber am Klettergerüst. Alle Bewegungsspiele tragen dazu bei, den Körper immer besser zu beherrschen. Zusätzlich liefern sie auch jede Menge neue Erfahrungen mit den Dingen dieser Welt. Bewegung macht möglich, dass die Welt von allen Seiten erfasst werden kann.

Timo ist ein mutiger und guter Kletterer. Zum Entsetzen seiner Mutter klettert er in Windeseile auf – ihrer Meinung nach – viel zu hohe Bäume. Wenn sie ihn dabei beobachtet, sieht sie, dass er nicht leichtsinnig ist. Sein Vater hat ihm viele Male erklärt und gezeigt, wie er sich vorsichtig vorantasten muss, um zu prüfen, ob ein

Ast hält. Timo tritt behutsam auf und sucht immer nach stabilen Zweigen, an denen er sich festhalten kann. Man sieht förmlich, wie seine Augen, Hände und Füße zusammenarbeiten. Von da oben sieht die Welt für ihn ganz anders aus. Er steht im Geäst der Baumkrone – ein ganz anderes Gefühl, eine andere Sicht, als den Baum von unten zu betrachten. Er kann in die Regenrinne schauen und entdeckt seinen Freund im Nebengarten. Timo macht beim Klettern viele spannende Erfahrungen.

Wohnungs-Safari

Tische und Stühle sind gefährliche Tunnel, durch die man krabbeln muss. Manche Küchenstühle eignen sich wegen ihrer auseinander liegenden Rückensprossen als Felsspalten, durch die der Abenteurer sich hindurchzwängen kann. Ein Seil ist eine gefährliche Hängebrücke, über die balanciert werden muss. Überall lauern gefährliche Tiere, vor denen man auf der Hut sein muss. Sicher fällt Ihnen dazu eine kleine spannende Geschichte ein.

Mit Lust bewegen

Unterstützen Sie Ihr Kind bei der Entwicklung seiner motorischen Fertigkeiten. Sie bereiten damit die Grundlage dafür, dass es seine Umwelt erobern und sich flexibel mit ihr auseinander setzen kann. Bewegungsfreudige Kinder verursachen Lärm und Unruhe. Das zerrt nach einem anstrengenden Arbeitstag gelegentlich an den Nerven ruhebedürftiger Eltern. Vorschulkinder sind jedoch schon zugänglich für Argumente. Schränken Sie die Bewegungsfreude Ihrer Kinder nicht einfach durch Verbote ein. Wenn Sie Ihrem Kind erklären, dass heute ein besonders anstrengender Tag war, kann es dafür Verständnis entwickeln und sein Verhalten darauf einstellen.

Hat Ihr Kind genug Bewegung? Oder bestimmen Fernsehen und Computer sein Freizeitprogramm? Schalten Sie beides häufiger aus, damit Ihr Kind ausgiebig draußen spielen kann. Dort macht es Erfahrungen aus erster Hand. Aber auch im Haus, in der Wohnung gibt es Bewegungsmöglichkeiten für Kinder.

Nicht immer ist es möglich, dass Kinder gefahrlos im Freien spielen können. Aber viele Turn- und Sportvereine bieten inzwischen vielfältige spielerische Angebote für Kinder an, über die notwendige Bewegungserfahrungen nachgeholt werden können.

Machen Sie Spaziergänge und Ausflüge, bei denen Ihr Kind nach Lust und Laune balancieren, klettern, hüpfen, springen kann. Lassen Sie es auf Bäume klettern, ohne es jedes Mal zu ermahnen, sich nicht schmutzig zu machen oder nicht zu hoch zu klettern. Natürlich sollen Sie Ihr Kind vor Gefahren bewahren. Aber im Allgemeinen sind viele Eltern zu ängstlich. Nur wenn ein Kind sich etwas zutraut, kann es auch neue Erfahrungen machen, Sicherheit gewinnen. Vertrauen in die eigene Leistungsfähigkeit ist die beste Voraussetzung für erfolgreiches Lernen.

Bewegungsspiele, die Kindern Spaß machen

Ballspiele

Werfen, fangen, rollen Sie mit Bällen in unterschiedlicher Größe.

○ Ballrollen: Ein Ball wird mit beiden Händen/mit der rechten/mit der linken Hand um ein Hindernis gerollt. Der Ball wird im „Vierfüßlergang" mit dem Kopf gerollt. Der Ball wird mit einem Stock gerollt. Etc.

○ Lassen Sie gemeinsam Luftballons so lange wie möglich in der Luft tanzen, ohne dass sie herunterfallen. Kinder machen dabei wichtige Bewegungserfahrungen. Anschließend können die Kinder den Luftballon mit anderen Körperteilen als mit der Hand anstupsen: mit dem Kopf, mit den Beinen, den Füßen, dem Po etc.

Eiszeit

Ihr Kind bewegt sich zu einer Musikkassette im Raum. In unregelmäßigen Abständen drücken Sie die Stopptaste. Dann „gefriert" Ihr Kind zu Eis.

Hampelmann

Zeigen Sie, wie sich ein Hampelmann bewegt, und hampeln Sie gemeinsam mit Ihrem Kind. Die Koordination von Armen und Beinen ist gar nicht so einfach.

Roboter

„Ziehen" Sie Ihr Kind „auf". Es bewegt sich dann wie ein Roboter mit eckigen, abgehackten Bewegungen durch die Wohnung. Ist das Uhrwerk abgelaufen, wird der Roboter langsamer und bleibt schließlich stehen.

Variation: Der Roboter ist ausgeleiert, seine Gliedmaßen schlackern beim Gehen um ihn herum.

Geschickte Füße

Ihr Kind soll versuchen, mit nackten Füßen kleine Gegenstände zu greifen: Malstifte, Tücher, ein Stück Zeitungspapier, einen Legostein etc.

Flugzeugspiel

Kinder lieben Bewegungsspiele mit ihren Eltern. Das Flugzeugspiel, bei dem Sie Ihr Kind, an Arm und Bein festgehalten, herumschleudern, ist zu herrlich. Leider werden Kinder irgendwann zu schwer dafür. Sie können das Spiel dann variieren und erweitern.

Figuren werfen

Spielen Sie dieses Spiel am besten am Strand oder auf dem Rasen oder einem weichen Boden. Fassen Sie sich beide mit gestreckten Armen bei der Hand und lehnen sich nach außen. Stützen Sie sich beide mit den Füßen gut ab. Drehen Sie sich dann im Kreis und lassen Sie Ihr Kind irgendwann los. Es verharrt wie eingefroren in der Stellung, in der es sein Gleichgewicht findet. Sie versuchen nun, Arme, Hände, Finger oder Beine zu bewegen, während Ihr Kind sich ganz steif macht. Kinder empfinden es als sehr vergnüglich, Kontrolle über ihren Körper zu haben. Gleichzeitig lernen sie dabei spielerisch, sich selbst zu beherrschen.

Bierdeckelspiele

Bierdeckel sind ein wunderbares Spielmaterial. Sie sind einfach zu beschaffen, kosten nicht viel und eignen sich für eine Vielzahl an Spielen, die sich immer wieder gut variieren lassen.

Bierdeckel-Slalom:

Die Bierdeckel werden im Raum verteilt und die Kinder laufen zu einer lustigen Musik in Schlangenlinien um die Bierdeckel herum. Dabei können Sie nach und nach bestimmte Bedingungen an die Kinder stellen: Die Kinder sollen rückwärts laufen, auf einem Bein hüpfen, im Vierfüßlergang laufen, wie ein Frosch hüpfen, etc.

Von Insel zu Insel:

Nun bekommt jedes Kind drei Bierdeckel, mit denen es den Fluss überqueren soll, in den sich das Zimmer gerade verwandelt hat. Nach und nach wird es herausfinden, wie es die Bierdeckel nacheinander legen und wieder entfernen muss, damit es zügig und sicher vorankommt. Dann lässt sich das Inselhüpfen auch zu einem Wettspiel ausweiten.

Umgedrehter Heringsschwanz

Dieses Spiel haben Sie vielleicht schon als Kind gespielt. Es macht am meisten Spaß, wenn mehrere Kinder mitspielen. Es geht aber auch zu zweit.
Die Kinder – oder Ihr Kind – stehen/steht ungefähr zehn Meter von Ihnen entfernt an einer Linie. Sie drehen sich einmal um die eigene Achse und sagen dabei den Spruch: „Umgedrehter Heringsschwanz". Die Kinder versuchen unterdessen, auf Sie zuzuschleichen. Wenn der „Heringsschwanz" sich voll umgedreht hat, darf sich keiner mehr bewegen. Wer noch wackelt, muss zum Ausgangspunkt zurück. Wer den „Heringsschwanz" zuerst erreicht, darf ihn ablösen.
Dieses Spiel trägt ebenfalls zur Körperbeherrschung bei. Es schult darüber hinaus Reaktionsvermögen und Beobachtungsfähigkeit.

Seilspringen

Seilspringen ist eine gute Möglichkeit, sich allein oder in der Gruppe zu beschäftigen. Zeigen Sie Ihrem Kind die richtige Technik. Es muss die beiden Enden des Springseils mit je einer Hand fassen und über bzw. durch das Seil springen, während es das Seil unter seinen Füßen hindurchschlägt und wieder über den Kopf usw. Wichtig ist dabei die richtige Länge des Seils.

Gruppenspringen:

Zwei Kinder schwingen ein längeres Seil, ein drittes Kind springt ein.
(Das Seil sollte nicht zu dick und nicht länger als drei Meter sein.)

Seilspringverse:

Beim Springen zu singen:
„Teddybär, Teddybär, komm herein,
Teddybär, Teddybär, heb ein Bein,
Teddybär, Teddybär, dreh dich um,
Teddybär, Teddybär, sei nicht dumm,
Teddybär, Teddybär, wie alt bist du?"

Jetzt wird die Anzahl der genannten Jahre gesprungen.

Fühlen und Empfinden

Lernen braucht emotionales Engagement, damit Kinder kreativ und zum Denken herausgefordert werden. Die Vorschulzeit ist dafür ein hervorragendes Beispiel. Kinder sind nicht daran interessiert, intellektuelles Wissen anzuhäufen. Sie sind stets als ganze Person mit ihren Gefühlen und Emotionen beteiligt. Ihr körperlicher Zustand ist untrennbar mit ihren Emotionen, mit ihrem Denken verbunden.

Wutanfälle sind Lernaktivitäten

Emotionen sind im Gehirn im so genannten limbischen System angesiedelt. Es ist ähnlich wie die Sinne bei der Geburt noch nicht voll ausgebildet. Das kleine Kind muss erst „Netzwerke" im Gehirn entwickeln, damit es lernt, über soziale Erfahrungen und Kontakte Emotionen auszudrücken und zu verarbeiten. Bis zum vierten Lebensjahr setzt sich das Kind mit der emotionalen Vielfalt seiner Welt auseinander. Wut, Zorn, aggressives Verhalten, Zuneigung und Entzücken zu zeigen, lernt das Kind in sozialen Kontakten und durch Nachahmung. Weil Kinder Emotionen noch nicht über den Verstand verarbeiten können, werden sie mit dem ganzen Körper ausgedrückt. Um sie ganz zu erfassen, geschieht das zunächst motorisch und sensorisch übertrieben. Eltern sind darüber oft entsetzt. Das Schreien aus Wut und Zorn an der Supermarktkasse, weil die Mama die große Tüte Bonbons nicht kauft, hat schon mancher Mutter peinliche Augenblicke bereitet. In Wirklichkeit sind Wutanfälle in diesem

Alter nur emotionale, körperliche, multisensorische Lernaktivitäten. Kinder können sie nur über Bewegung ausdrücken. Sie sind ganz „Emotion". Zum Trost aller Eltern werden die Reaktionsformen mit zunehmendem Alter immer differenzierter. Ab dem vierten Lebensjahr geht das Um-sich-Treten oder das Sich-auf-den-Boden-Werfen deutlich zurück.

Von den Eltern in diesem Zusammenhang seltener wahrgenommen ist das Lachen als Ausdruck angenehmer Emotionen. Es wird mehr und mehr situationsabhängig eingesetzt und dient nicht mehr nur der Kontaktaufnahme.

Die Gefühle werden diffenzierter

Allmählich entwickeln sich weitere Netzwerke im Gehirn und verbinden sich mit den Zentren für Denken und höhere geistige Funktionen. Jetzt ist das Kind auch zu Emotionen wie Ärger, Traurigkeit, Glück und Frustration fähig. Das führt dazu, dass Geschichten, Ereignisse und Beobachtungen das Kind nun emotional berühren. Es weint vielleicht beim Vorlesen oder Fernsehen. In der weiteren Entwicklung verfeinert sich das Empfinden und Ausdrücken von Emotionen immer mehr, sodass auch Liebe, Mitgefühl und Freude entstehen. Voraussetzung dafür ist allerdings, das Kinder Emotionen erforschen und ausdrücken dürfen.

Über Gefühle sprechen lernen

Ermutigen Sie Ihr Kind, seine Emotionen auszudrücken. Auch Gefühle wie Wut ge-

Gegen den Ärger: ein Fingerspiel

Nina ist sehr stolz	*mit dem Zeigefinger auf Nina zeigen*
auf ihr Haus aus Holz,	*mit beiden Händen ein Dach andeuten*
da schleicht sich an	*mit zwei Fingern einer Hand über den*
der Bastian,	*Tisch oder den Schoß laufen*
und rumpeldidatt	*auf den Tisch oder die*
ist alles platt!	*Oberschenkel klopfen*
Nina voll Ärger dann	*beide Zeigefinger hochhalten*
stürzt sich auf Bastian,	*und einer bewegt sich krumm*
	auf den anderen zu
und beide rangeln und knuffen,	*die Zeigefinger bekämpfen sich*
raufen, bald sieht man nur	
noch einen Haufen.	
Dann kullern sie gar durch	*beide Hände ineinander*
den Dreck,	*verwickeln, auf dem Tisch oder Schoß*
	hin- und herrollen
doch plötzlich grinst der	*einen Zeigefinger hochhalten*
Bastian keck,	
und schwuppdiwupp –	*den anderen Zeigefinger dazu*
ist auch Ninas Ärger weg!	*mit beiden wackeln*

(aus: M. Beermann, u.a., Tänze für 1001 Nacht, Ökotopia Verlag, Münster 1996)

hören dazu. Zeigen Sie Verständnis und helfen Sie ihm, diese Gefühle auf eine verträgliche Art auszuleben. Sagen Sie zum Beispiel: „Ich verstehe, dass du wütend bist. Hau kräftig auf das Kissen, dann geht es dir sicher bald wieder besser." Im Laufe der weiteren Reifung tritt der Verstand immer mehr hinzu, so dass die ganz heftigen Reaktionen abnehmen. Kinder, die ihre Gefühle ausdrücken dürfen und gelernt haben, negative Gefühle auf eine verantwortungsvolle und verträgliche Art mitzuteilen, haben es im Leben und beim Lernen leichter. Sprache hilft, Gefühle auszudrücken und zu verarbeiten. Sprechen Sie mit Ihrem Kind über seine Gefühle. Die fortschreitende Sprachentwicklung macht es möglich, dass das Kind seine spezifischen Gefühle immer differenzierter mitteilen kann. Es ist wichtig, dass es lernt, emotionale Erfahrungen auch in Worte zu fassen. Wenn ein Kind über seine Gefühle nachdenken und reden kann, kann es auch Emotionen von anderen besser verstehen.

Die fortschreitende Entwicklung des Verstandes führt beim Vorschulkind dazu, dass Emotionen nicht mehr nur durch bestimmte Objekte und Ereignisse ausgelöst werden. Allein die Vorstellung, dass beispielsweise Oma kommt, kann schon intensive Emotionen auslösen.

Soziales Handeln

Kinder werden in eine soziale Welt hineingeboren. Sie verbringen ihr ganzes Leben in unterschiedlichen Gemeinschaften. Auch das Lernen findet in unserer Kultur in Gemeinschaften, in Gruppen statt. Kinder müssen sich sozial verhalten können, um dort zu bestehen. Andernfalls werden zu viele Energien vom eigentlichen Lernprozess abgezogen. Von klein auf an erfahren Kinder, dass sie ihre eigenen Wünsche und Bedürfnisse mit der Außenwelt in Einklang bringen müssen. Sie erfahren, dass Bedürfnisse nicht immer gleich und manche Wünsche gar nicht befriedigt werden. Im Umgang mit anderen Kindern und Erwachsenen erleben sie nicht nur Freude, sondern auch Frustrationen. Menschen müssen aufeinander zugehen, Konflikte austragen, Kompromisse schließen können, um gut miteinander auszukommen. Die Grundlagen für diese Fähigkeiten werden in der frühen Kindheit gelegt. Je früher Kinder soziale und emotionale Kompetenzen erwerben und erproben können, desto weniger Probleme haben sie später mit dem Leben in der Gemeinschaft.

Lernen durch liebevolle Zuwendung

Kinder lernen soziale Fähigkeiten am besten in einer Atmosphäre liebevoller emotionaler Zuwendung durch die Mutter oder eine andere nahe Bezugsperson. Diese ersten positiven Erfahrungen und der Grad der Selbstständigkeit und Unabhängigkeit, die ihnen gewährt werden, beeinflussen das Sozialverhalten erheblich. Kinder, die viel Zuwendung erfahren, sind heiterer, freundlicher, interessierter und kooperativer als andere. Erwachsene sind im Leben von Kindern zunächst die wichtigsten sozialen Bezugspersonen. Das bleibt ungefähr bis zum dritten Lebensjahr so. Gegen Ende des zweiten Lebensjahres beginnen Kinder allmählich erste echte wechselseitige Kontakte zu Gleichaltrigen aufzubauen. Das geht nicht ohne Konflikte ab, denn jetzt trifft das eigene kleine Ich auf ein ebenso hartnäckiges anderes Ich, das auch seine Wünsche durchsetzen will. Am Anfang stehen noch die Auseinandersetzungen um begehrte Spielzeuge im Vordergrund, aber bald lernt das Kind, dass es notwendig ist, Kompromisse zu schließen. Das ist ein langer Prozess und er braucht viel Übung. Noch fünfjährige Kinder haben beim freien Spiel mit Gleichaltrigen bis zu zwanzig Konfliktsituationen am Tag. Bleiben Sie deshalb gelassen, wenn wieder einmal Streit im Kinderzimmer ausbricht. Das ist ganz normal für Kinder in dieser Entwicklungsphase. Kinder lernen so, eigene Grenzen zu setzen, die Grenzen der anderen zu respektieren, Wünsche durchzusetzen, aber auch Kompromisse zu schließen. Ab dem dritten Lebensjahr gewinnen kooperative Spielsituationen mehr und mehr an Bedeutung. Kinder wollen jetzt gemeinsam spielen, gemeinsam etwas herstellen. Die wichtige Zeit der Rollenspiele beginnt.

Und auch die langsam sich entwickelnden Kinderfreundschaften helfen, soziales Verhalten einzuüben. Im Spiel mit einem Freund, einer Freundin fällt es viel leichter, egoistische Verhaltensweisen zugunsten des Spielpartners zurückzustellen. Spielräume und Spielsachen werden bereitwillig geteilt. Im gemeinsamen Spiel unterstützen Kinder sich gegenseitig, gleichen Schwächen des anderen aus, erfah-

ren aber auch, dass Gemeinsamkeit stark macht und die Höhle nur gebaut werden konnte, weil man zu zweit oder zu mehreren daran gearbeitet hat.

Kinder als Partner ernst nehmen

Soziale Verhaltensmuster werden überwiegend durch Bekräftigung und Imitation erworben. Eltern und älteren Geschwistern kommt daher eine verantwortungsvolle Vorbildrolle zu. Versuchen Sie, Ihr Kind verantwortlich ins Familienleben einzubeziehen, beteiligen Sie es an Entscheidungen. So bekommt Ihr Kind ein positives Selbstbild vermittelt und traut sich, eigenständig zu handeln. Es spürt, dass es mit seinen Meinungen und Standpunkten akzeptiert wird. Das gibt Selbstvertrauen und Sicherheit gegenüber anderen.

Kinder lernen auf diese Weise, ihre Anliegen und Meinungen deutlich zu machen. Sie lernen, sich gegenseitig zuzuhören, die Ansichten anderer wahrzunehmen und zu respektieren. Wenn sie dadurch die Fähigkeit entwickeln, sich zu einigen, Kompromisse zu schließen, so ist dies die beste Vorbereitung auf ihr künftiges Leben und auch in der Schule von Vorteil. Dennoch ist beim Aushandeln von Interessen und Schlichten von Konflikten auch immer noch Ihr Fingerspitzengefühl gefordert. Denken Sie daran, dass Auseinandersetzungen kein störendes Verhalten sind, sondern Teil des sozialen Miteinanders. Sie sollten daher nicht unterdrückt, sondern ausgesprochen, durchgestanden und ausgetragen werden. Unterstützen Sie Ihre Kinder darin, eine angemessene Streitkultur zu entwickeln.

Die soziale Entwicklung fördern

Gefühle „managen"

Gefühle sind eine wichtige Ausdrucksform. Kinder zeigen uns noch ganz unvermittelt ihr Wohlbefinden und Unbehagen, Freude und Furcht, Wut und Ärger. Je mehr Kinder am sozialen Leben teilnehmen – und Vorschulkinder haben heutzutage schon vielfältige Kontakte - desto wichtiger ist es, dass sie lernen, ihre Gefühle zu „managen". Sich aus seiner Wut oder Frustration lösen zu können, wenn zum Beispiel der Freund oder die Freundin das begehrte Spielzeug nicht hergeben will, muss erst gelernt werden. Ohne Unterstützung können Kinder schwierige Situationen nicht bewältigen. Sie brauchen noch die Hilfe von Eltern und anderen Erwachsenen, um Probleme zu lösen. Genau so wichtig ist aber auch ein gutes Ich-Gefühl, emotionale Stärke. Kinder müssen immer wieder spüren, dass sie mit ihren Eigenheiten, ihren Meinungen und Standpunkten gemocht und akzeptiert werden. Das verstärkt ihr Selbstvertrauen und hilft ihnen, in Streitsituationen auch einmal nachgeben zu können.

Gefühlen auf der Spur

Haben Sie schon einmal versucht, Gefühle zu beschreiben? Das ist gar nicht so einfach. Es gibt keine eindeutigen Umschreibungen für Freude oder Schmerz. Kinder können Gefühle noch nicht beschreiben. Sie müssen erst noch lernen, sie überhaupt wahrzunehmen und auszudrücken. Je mehr ihnen das gelingt, desto besser können sie sich auch in andere Kinder hineinversetzen. Unterstützen Sie Ihr Kind dabei, Gefühle zu erkennen.

Streiten lernen

Kinder müssen lernen, sich gegenseitig zuzuhören, die Ansichten anderer wahrzunehmen und zu respektieren. Wenn sie dadurch die Fähigkeit entwickeln, sich zu einigen und Kompromisse zu schließen, so ist dies die beste Vorbereitung auf ihr künftiges Leben. Sie als Eltern wissen selbst am besten, dass das Aushandeln unterschiedlicher Interessen unter Kindern oft nicht ohne Tränen, Streit und Ärger abläuft. Oft greifen wir als Erwachsene vorschnell in Situationen ein, die Kinder eigentlich allein lösen könnten. Auseinandersetzungen sind kein störendes Verhalten, sondern Teil des sozialen Miteinanders. Sie sollten daher nicht unterdrückt, sondern durchgestanden und ausgetragen werden.

Das Zauberspiel

Bei diesem Spiel sind Sie die „Zauberhexe" oder der „Zauberer". Murmeln Sie einen Zauberspruch: "Abrakadabra, dreimal schwarzer Kater" und verzaubern Sie Ihr Kind in ein ganz wütendes, trauriges, fröhliches, freundliches oder ängstliches Kind. Ihr Kind stellt durch Mimik und Gestik die jeweilige Rolle dar.

Denken Sie daran, den Zauber jedes Mal wieder aufzulösen, so dass Ihr Kind die Rolle wieder verlassen kann.

Gespräche über Freundschaft

In jeder Kinderfreundschaft gibt
es Krisen. Wie verhält man sich in
solchen Situationen? Führen Sie
im Rollenspiel oder im Spiel mit
Handpuppen vor, welche Lösungsmöglichkeiten es gibt:

○ Gute Freunde ärgern sich und
  wollen ab jetzt nie wieder miteinander sprechen.
○ Die beste Freundin spielt neuer-
  dings häufiger mit einem anderen
  Kind.
○ Zwei Freunde machen sich überein-
  ander lustig, wenn der andere nicht
  dabei ist.
○ Ein Kind kommt neu in den Kindergarten und möchte gerne Freund-
  schaft schließen.
○ Ein Kind macht immer wieder
  verrückte Dinge, um von anderen
  akzeptiert zu werden.
○ Kinder lachen über ein anderes Kind,
  weil es anders angezogen ist.

Eltern als Schiedsrichter

In der Erwachsenenwelt gibt es Vermitt-
ler (Mediatoren), die bei Auseinandersetzungen schlichten. Leben Sie diese Rolle
den Kindern vor. Nehmen Sie bei Streitereien nicht Partei. Hören Sie sich die
unterschiedlichen Positionen an. Jede
Partei erhält die Möglichkeit, ihren
Standpunkt ungestört vorzubringen. Finden Sie dann gemeinsam die Ursache des
Konfliktes heraus. Fragen Sie die Kinder
nach Lösungsvorschlägen.

Kinder als Problemlöser

Vereinbaren Sie mit Ihrem Kind, dass Sie
bei Krisen und Streitereien im Kinderzimmer nur eingreifen, wenn Sie darum gebe-
ten werden oder wenn die Situation außer
Kontrolle gerät. Sprechen Sie mit Ihrem
Kind nach einigen Tagen darüber, wie es
mit diesen Situationen zurechtkommt.

Warum Freunde wichtig sind

Freunde sind wichtig
zum Sandburgenbauen,
Freunde sind wichtig,
wenn andere dich hauen,
Freunde sind wichtig
zum Schneckensuchen.
Freunde sind wichtig
zum Essen von Kuchen.
Vormittags, abends,
im Freien, im Zimmer ...
Wann Freunde wichtig sind?
Eigentlich immer!

Georg Bydlinsky
(aus: Der Mond heißt heute Michael,
Herder, Wien 1981)

Von A – Z: Erste Erfahrungen mit Buchstaben

Fast alle Kinder im Vorschulalter beginnen irgendwann damit, Buchstaben zu malen und sich mit Schrift auseinander zu setzen. Schreiben und lesen zu können macht wichtig und sehr erwachsen. Manche Kinder lernen schon vor Schulbeginn zu lesen: durch ältere Geschwister, mit ihren Eltern oder von ganz allein. Aber das ist nach wie vor nicht die Regel. Eltern sind manchmal verunsichert, wenn sie hören, dass Kinder von Freunden oder Verwandten schon etwas lesen können, bevor sie in die Schule kommen. Sie sind besorgt, dass ihre Kinder vielleicht einen Nachteil haben, weil sie noch nicht lesen. Aber seien Sie unbesorgt! Auch heute müssen Kinder nicht lesen und schreiben können, wenn sie in die Schule kommen. Lesen- und Schreibenlernen ist ein eigendynamischer Prozess und entwickelt sich von Kind zu Kind unterschiedlich. Natürlich ist es aber vorteilhaft, wenn Kinder in einem Umfeld aufwachsen, in dem vorge-

lesen, gelesen und geschrieben wird. Kinder, die bereits vor der Schule intensive Erfahrungen mit Schrift machen können, haben es leichter, lesen und schreiben zu lernen. Ihre Motivation ist auch deshalb so groß, weil sie bereits erfahren haben, wie gut man Sprache und Schrift im Alltag gebrauchen kann.

Mareike sitzt mit ernsthafter Miene an ihrem kleinen Tisch. Vor sich hat sie ein weißes Blatt Papier, in der Hand ihren grünen Lieblingsstift. „Ich schreib dir jetzt einen Brief", verkündet sie ihrer Mutter. Sie malt einige Buchstaben und Zeichen auf das Papier, unter anderem ihren Namen, den sie fast richtig schreiben kann, und bittet dann ihre Mutter, den Brief vorzulesen. Ihre Mutter liest vor: „Mareike schreibt Mama einen Brief." Mareike ist total begeistert. Am Abend liest sie ihrem Vater den Brief vor. „Weißt du, was ich geschrieben habe?" Sie hält den Brief in der Hand und liest: „Papa hat ein neues Auto."

Erste Kritzelbriefe

Etwa ab dem zweiten Lebensjahr beginnen Kinder, „Kritzelbriefe" zu schreiben, um es den Erwachsenen gleich zu tun. Später verwenden sie erste Buchstabenformen und Zeichen. Briefe schreiben ist für Kinder ein kommunikativer Vorgang. Eltern sollen lesen, „was da steht", oder zuhören, was das Kind ihnen geschrieben

hat. Dabei kann sich die Bedeutung des „Textes" durchaus ändern, je nachdem, wem Ihr Kind den Brief vorliest. Nehmen Sie die Schreibversuche Ihrer Kinder in jedem Fall ernst und sagen Sie nie: „Da steht ja nichts" oder: „Das kann keiner entziffern". Wenn Ihnen nichts dazu einfällt, bitten Sie Ihr Kind, vorzulesen, was es geschrieben hat.

Halten Sie genügend Papier bereit, damit Ihr Kind nach Herzenslust schreiben kann. Dazu braucht es einen dicken Stift, den es gut halten kann, und Papier ohne Linien, denn die Verbindung zwischen Auge und Hand ist noch nicht so weit entwickelt, dass Vorschulkinder schon in Linien schreiben können. Setzen Sie sich vor Ihrem großen Wocheneinkauf gemeinsam mit Ihrem Kind hin und schreiben Sie einen Einkaufszettel,

Sie Ihren, Ihr Kind seinen. Darauf können zum Beispiel einige wichtige Sachen stehen, an die das Kind Sie erinnert, zum Beispiel Milch, Butter, Marmelade. Ihr Kind kann die Dinge malen und den Anfangsbuchstaben dazu schreiben, oder aber es kopiert Ihren Einkaufszettel.

Mit großem Eifer lernen Kinder ihren Namen zu schreiben. Unübersehbar prangt er bald auf allen Zeichnungen. Zu wissen, wie die Buchstaben des eigenen Namens heißen, macht es möglich, sie auch in anderen Wörtern zu erkennen. Nennen Sie Buchstaben immer mit dem Laut, nicht

mit seinem Namen. Das erleichtert das Lesenlernen.

„Ich kann schon Coca-Cola lesen!"
Kinder stellen viele Fragen nach Buchstaben und Wörtern. „Was steht da?" ist die Frage der Vorschulzeit. Kinder sind neugierig, was auf Schildern steht, wie Aufschriften auf Flaschen und Verpackungen lauten. Geben Sie ihnen darauf immer eine Antwort. Damit verstärken Sie das spontane Interesse. Manchmal sind Eltern erstaunt, was Ihr Kind schon lesen kann, wenn es zum Beispiel „Cola" vorliest. Schriftzeichen werden oft als Symbole erkannt, allerdings nur im Zusammenhang mit dem Produkt, das Wort „Cola" zum Beispiel nur auf der Flasche.

Fördern Sie das Interesse Ihres Kindes an Zahlen und Buchstaben, aber pressen Sie es nicht in vorgegebene Schreib- und Leselehrgänge. Nur wenn Ihr Kind spielerisch lernt, behält es den Spaß am Lesen und Schreiben.

Spiele von A bis Z

Schwungübungen

Schreiben ist gar nicht so einfach. Ihr Kind muss erst üben, den Stift richtig zu halten, das Handgelenk locker zu lassen, den richtigen Druck auszuüben. Schwungübungen, zu denen rhythmisch gesprochen wird, können Ihrem Kind dabei helfen und machen eine Menge Spaß.

Punkt, Punkt,
Komma, Strich,
fertig ist das
Mondgesicht.
Und zwei kleine
Ohren dran,
fertig ist der Hampelmann.
(Volksgut)

Schnecke, Schnecke,
rund und schön,
die Schnecke will
spazieren gehn.
Schneck, schneck,
schneck,
die Schnecke kriecht ums Eck.
(Volksgut)

Das ist das Haus
vom Nikolaus,
und nebenan vom
Weihnachtsmann.
(Volksgut)

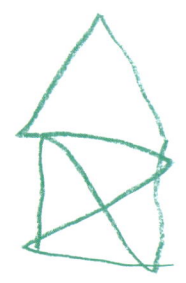
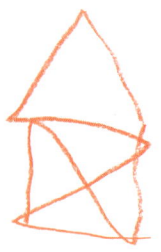

Schaukel hin
und schaukel her,
kleiner Frosch
und großer Bär.
(Volksgut)

Herr von Hagen,
darf ich's wagen,
Sie zu fragen,
welchen Kragen
Sie getragen,
als Sie lagen
krank am Magen
auf der Fahrt nach Kopenhagen?
(Volksgut)

SOS, die Maus sieht rot,
denn es gibt kein Abendbrot.
(Volksgut)

Das Segelboot,
das Segelboot,
das leuchtet schön
im Abendrot.
(Volksgut)

Affen-ABC

ABCDE
Der Affe sitzt im Schnee.
FGH und I
Das tat er ja noch nie.
J und K und L
Jetzt läuft er aber schnell.
M und N und O
Denn er friert ja so.
P und Q und R
Zuhause lacht er sehr.
STU und V
Und sagt zu seiner Frau:
WXY und Z
„Im Schnee war's richtig nett!"
(Volksgut)

Rätsel

Wer sitzt auf dem Dach und raucht,
der weder Pfeif' noch Tabak braucht?
(Schornstein)

Es ist gemacht aus Holz und Glas,
das Licht scheint durch – was ist denn
das?
(Fenster)

Es ist etwas in meinem Haus,
geht Tag und Nacht, doch kommt's nicht
raus!
(Uhr)

Auf meinen vier Beinen
steh' ich ganz still
und warte auf einen,
der vom Laufen
oder Stehen
mal ausruhen will.

(Stuhl)

Buchstabenspiele

Kinder haben zunächst eine emotionale
Beziehung zu den Buchstaben ihres Namens.

○ Säen Sie Kressesamen in einer flachen Schale in den Anfangsbuchstaben Ihres Kindes aus.

○ „Turnen" Sie mit ihm Buchstaben:
„Stell dich hin wie ein A, roll dich
ein wie ein O."

○ Viel Spaß macht es auch, den eigenen
Namen zu backen und hinterher auf-
zuessen oder alle Buchstaben zu backen, die das Kind schon kennt.

○ Legen Sie Buchstaben mit Bleiband
oder Wäscheleine ganz groß auf den
Boden. Ihr Kind geht barfuß darüber,
krabbelt auf allen vieren, spürt mit
den Händen. Auf diese Weise erfährt
es Buchstaben ganzheitlich über alle
Sinne.

○ Schreiben Sie dem Kind Druckbuchstaben auf den Rücken und lassen Sie
es raten. Verwenden Sie immer große
Druckbuchstaben und immer nur einen zur Zeit.

○ Wenn Ihr Kind Interesse an der
Computertastatur entwickelt, greifen
Sie das Interesse auf. Lassen Sie es
Wörter schreiben, zeigen Sie, wie es
seinen Namen, „Mama" und „Pa-
pa" etc. schreiben kann und drucken
Sie das Resultat aus.

Von 1 bis 10: Erste Erfahrungen mit Zahlen

Kinder machen schon früh in ihrem Leben Bekanntschaft mit Zahlen. Sie erfahren sie über Fingerspiele, Abzählverse und Sprüche. Viel zu oft geht leider der Spaß, den Kinder in diesem Alter noch am Zählen haben, später verloren. Versuchen Sie Ihrem Kind möglichst viele positive Erfahrungen und Gefühle im Zusammenhang mit Zahlen zu vermitteln.

Das Gefühl für Mengen kommt erst später

Vorschulkinder verkünden oft voller Stolz, wie weit sie schon zählen können. Manchmal gelingt ihnen schon eine sehr ansehnliche Zahlenreihe. Allerdings zählen sie meist in der Art, wie sie ein Gedicht aufsagen. Das hört sich schön an und Kinder sind zu Recht stolz darauf. Eine Vorstellung davon, wie groß die Mengen sind, die sie gerade aufzählen, haben sie aber noch nicht. Zahlen und Mengen in Einklang zu bringen und davon im Kopf ein Bild zu haben, entwickelt sich erst allmählich.

Erste Rechenaufgaben

Vorschulkinder befassen sich schon gern mit mathematischen Aufgaben. Machen Sie es sich zur Gewohnheit, solche kleinen „Aufgaben" laut zu denken: „Zwei Puddinge habe ich schon auf den Tisch gestellt. Wenn ich noch zwei dazustelle, sind es vier. Vier brauchen wir."
Abstrakte Aufgaben kann Ihr Kind erst später lösen, aber mit konkreten Gegenständen klappen schon erste Rechenaufgaben: „Wir haben 5 Äpfel, wenn du jetzt einen isst, wie viel liegen dann noch in der Obstschale? Und wenn ich auch noch einen esse?"

Zahlensuchspiele von 1 bis 10

○ „Was gibt es an dir alles zweimal, was einmal?" verhilft schon kleinen Kindern zu einem intensiven Erlebnis der Zahl zwei.
○ Gehen Sie mit Ihrem Kind auf Entdeckungstour durch die Wohnung. Was ist alles zweimal vorhanden? Wo ist die Zahl zwei als geschriebene Zahl zu entdecken?
○ Machen Sie das Zahlensuchspiel auch mit anderen Zahlen. Der Tisch hat vier Ecken, ich habe acht Kuscheltiere. Ich bekomme fünf Mark Taschengeld. Bei den höheren Zahlen wird es allerdings schwieriger. Diese entdeckt man dann eher auf Preisschildern, in Haus- oder Telefonnummern.
○ Finden Sie zu jeder Zahl zwischen 1 und 10 eine persönliche Beziehung zum Kind. Mit eins habe ich meinen liebsten Teddy bekommen. Die zwei ist unsere Hausnummer. Mein altes Dreirad hat drei Räder. Etc.
○ Wer hat heute die meisten Knöpfe an seiner Kleidung, die meisten Farben an?

Solche spielerischen Aufgaben machen Spaß und führen ganz nebenbei in mathematische Handlungen ein. Ihr Kind wird dadurch noch kein Rechenmeister. Aber es gewinnt schon erste Einsichten in die Mathematik.

Im Alltag kommen viele mathematische Handlungen vor. Malnehmen und teilen, alles können sie mit realen Dingen mit Ihrem Kind durchspielen: „Die letzten Bonbons sollen gerecht verteilt werden. Wie viel Bonbons haben wir noch? Wie können wir sie gerecht verteilen?" Das sind mathematische Probleme, die von Kindern ganz nebenbei im Alltag gelöst werden. All diese Erfahrungen und Handlungen stützen später das abstrakte Denken Ihres Kindes.

Zahlen turnen, legen, fühlen

○ Kinder lernen durch Wiederholung und Übung. Zählen Sie immer wieder Gegenstände. Wie viel Bestecke müssen aufgedeckt werden? Drinnen und draußen gibt es unzählige Dinge, in denen sich Zahlen verstecken, die gezählt werden können, Kuscheltiere, kleine Steinchen, die Straßenlaternen, die Häuser, die Schritte bis zur Ecke, bis zum Kindergarten, die Treppenstufen, die Autos, die vorbeifahren. Kinder zählen alles, und zwar mit Begeisterung.

○ Lassen Sie Ihr Kind Zahlen wie die Buchstaben mit dem ganzen Körper erfahren: Ihr Kind kann mit Ihrer Hilfe versuchen, die verschiedenen Zahlen zu turnen.

○ Kaufen Sie Ihrem Kind einen Satz Holzzahlen. Nun kann es dazu entsprechende Mengen legen. Zu der Zahl Eins ein Auto, zu der Zwei zwei Teddys etc. Spielen Sie das Spiel immer wieder mit verschiedenen Gegenständen.

○ Für Kinder ist es wichtig, die Dinge, die sie zählen, zu berühren. Das hilft im richtigen Rhythmus zu bleiben.

○ Kinder lernen im Spiel automatisch das Zählen, bei Brettspielen, bei Würfelspielen, beim Seilspringen oder Purzelbaum machen, beim Quartettspielen – überall sind Zahlen von Bedeutung.

Zahlenspiele von 1 bis 10

Morgens früh um sechs

Morgens früh um sechs
kommt die kleine Hex!

Morgens früh um sieben
schabt sie gelbe Rüben!

Morgens früh um acht
wird Kakao gemacht!

Morgens früh um neun
geht sie in die Scheun!

Morgens früh um zehn
holt sie Holz und Spän'.
Feuert an um elf. Kocht
dann bis um zwölf.

Fröschebein und Krebs
und Fisch.
Hurtig, Kinder,
kommt zu Tisch!
(Volksgut)

Die Wanderschaft

Es war einmal ein Mädchen, das wohnte
mit seinen Eltern in einem kleinen Häus-
chen.
Haus malen.

Als es groß war, wollte es auf Reisen gehen und sich viele Städte ansehen. Damit
sich die Eltern keine Sorgen machten, er-
zählte es vorher, welche Städte es besuchen wollte.
*Ziffern (je nach Menge der Reiseorte) in
Kreisen verteilt anordnen.*

Nun machte sie sich auf den Weg und
reiste in die erste Stadt,
*Haus malen, Haus und Kreis mit Ziffer 1
verbinden.*

dann in die zweite Stadt, dann in die dritte Stadt und so fort. Als es sich alle zehn
Städte angesehen hatte, freute es sich auf
zu Hause und lief, so schnell es konnte,
heim.
Linie zurück zum ersten Haus.

Fingerspiel

„Der erste geht nach Afrika,
der zweite schaut ihm traurig nach,
der dritte sagt ade, ade,
der vierte sagt: ‚Auf Wiedersehen'
und der letzte sagt: ‚Pass gut auf am Nil,
da hat's ein großes Krokodil.'"
(Volksgut)

Abzählvers

1, 2, 3, 4, 5, 6, 7,
eine alte Frau kocht Rüben,
eine alte Frau kocht Speck
und du bist weg.

1, 2, 3, 4, 5, 6, 7,
in der Schule wird geschrieben,
in der Schule wird gelacht,
bis die ganze Schule kracht.

„Ist die Maus zu Haus?"
(Kreisspiel)

Die Kinder bilden einen Kreis und fassen
sich bei den Händen. Die „Maus" sitzt
im Kreis. Draußen lauert die Katze. Sie
fragt:
„Ist die Maus zu Haus?"
Kinder: „Nein!"
Katze: „Wann kommt sie denn?"
Maus: „Um drei Uhr!" (oder eine andere
Zahl nennen)
Alle Kinder zählen gemeinsam bis zu der
genannten Zahl. Dann versucht die Katze
die Maus zu fangen.

„Wann muss ich nach Hause
kommen?"

Ein Kind ist die „Mutter". Die Kinder
stehen im Abstand von ca. 15 Metern vor
der Mutter. Das erste Kind ruft: „Mutter,
Mutter, wann muss ich nach Hause kommen?" Die Mutter nennt eine Uhrzeit.
Das Kind macht jetzt für jede Stunde einen Schritt auf die Mutter zu. Dann ist
das nächste Kind an der Reihe.
Wer darf am längsten draußen spielen?

Läusespiel (für die ganze Familie)

(1 Würfel, Papier und Stift für jeden
Mitspieler)
Jeder Mitspieler wählt eine „Lausezahl"
zwischen 1 und 6 aus und schreibt sie auf
sein Blatt Papier. Um diese Zahl herum
entsteht seine Laus. Es wird reihum ge-
würfelt. Wer seine „Lausezahl" erwischt,
darf ein Stück Laus malen, den Körper in
einem Zug, dann den Kopf, die sechs Beine nacheinander, die Augen, die Fühler.
Wer seine Laus zuerst fertig gemalt hat,
hat gewonnen.

Vom Aufstehen bis zum Schlafengehen –
Kinder im Alltag fördern

Tipps für die Förderung im Alltag

Kinder lernen in den ersten sechs Lebensjahren unendlich viel, weil sie neugierig und wissbegierig sind und weil Sie ihnen dabei helfen, ihre Welt zu entdecken, weil Sie sie motivieren, ihnen Wärme und Bestätigung geben. Die Förderung läuft häufig ganz unbewusst ab.

Rasmus Vater sitzt am Schreibtisch und diktiert einen Brief in ein kleines Diktiergerät. Rasmus will interessiert wissen, wie es funktioniert. Sein Vater nimmt ihn auf den Schoß, zeigt ihm das Innenleben des Diktiergerätes, das kleine Band, die Batterien und erklärt ihm die Funktionsweise. Rasmus spricht witzige Sätze auf Band und hört anschließend fasziniert seine eigene Stimme. Beide haben viel Spaß daran.

Wenn Sie Ihr Kind auf den Schoß nehmen und liebevoll mit ihm sprechen, fühlt es sich geborgen und angenommen, es erlebt einen engen sozialen Kontakt, es spürt Ihre „Unterstützung" und erlebt dadurch seinen Körper auf eine andere Weise, als wenn es allein auf einem Stuhl säße. Es nimmt Ihre Sprache auf, versteht den Sinn dessen, was Sie erzählen, erweitert sein Wissen und Verständnis. Indem es antwortet, übt es, sich in einer bestimmten sozialen Situation sprachlich auszudrücken, überdenkt das, was es gehört hat. Das meiste von dem, was Sie Ihrem Kind angedeihen lassen, geschieht eher nebenbei und unbewusst. Sind Sie sich aber Ihrer gesunden Reflexe bewusst, hilft Ihnen das, Ihren Kindern mehr von dem zu geben, was ihnen gut tut. Eltern brauchen keine speziellen Fachkenntnisse zu entwickeln. Es reicht, das Kind liebevoll und ermunternd durch den Alltag zu begleiten. Maria Montessori, eine sehr erfolgreiche Pädagogin, hat schon vor 100 Jahren eine vom Kinde ausgehende Pädagogik unter dem Motto „Hilf mir, es selbst zu tun" entwickelt. Ihre Ideen und Grundsätze sind inzwischen in die allgemeine Pädagogik eingeflossen und haben immer noch Gültigkeit. Sie sind für Eltern wie für professionelle Erzieher gleichermaßen interessant und hilfreich. Denn die Montessori-Pädagogik möchte Kinder befähigen, eigene Lernstrategien zu entwickeln und so selbstständige Lerner zu werden.

Hilfe zur Selbsthilfe

Eltern können durch ihre Haltung viel dazu beitragen, dass ihre Kinder „Selbstlerner" werden. Die folgenden von Maria Montessori entwickelten Grundsätze unterstützen Kinder in diesem Prozess.

Leitsätze Montessoris

❍ Respektieren Sie das Bestreben Ihres Kindes, alles selbst zu machen. Ihr Kind wird so schrittweise unabhängig von der Hilfe der Erwachsenen.

❍ Lernen braucht Bewegung. Schränken Sie den Bewegungsdrang Ihres Kindes nur dann ein, wenn es die Sicherheit erfordert.

❍ Kinder sollten nie zum Lernen gezwungen werden. Unter Druck entwickeln sich keine kreativen Lernprozesse.

❍ Kinder sollten immer das Tempo und den Fortschritt ihres Lernens selbst bestimmen. Sie wissen intuitiv, wie lange sie etwas „üben" müssen, damit sie sich in dem und mit dem, was sie lernen, sicher fühlen können.

❍ Betrachten Sie die Tätigkeiten Ihres Kindes als ernsthafte Beschäftigungen.

❍ Lassen Sie Ihr Kind stets an wirklichen Dingen lernen. Erklären und zeigen Sie ihm, wie es zum Beispiel sorgsam mit Schaltern und Knöpfen der Stereoanlage umgehen kann.

❍ Wenn Sie etwas zeigen und erklären wollen, machen Sie es in kleinen Schritten. Wenn Ihr Kind zum Beispiel lernen möchte, wie es den Handmixer benutzen kann, ist es mit der Reihenfolge der notwendigen Schritte vom Einsetzen der Mixstäbe über das Einstecken des Steckers in die Steckdose und das Ein- und Ausschalten des Gerätes je nach Alter zunächst überfordert. Überlegen Sie, welchen Schritt Ihr Kind zuerst lernen kann oder will. Zeigen und erklären Sie ihm diesen Schritt. Wenn es den beherrscht, kommt der nächste an die Reihe.

❍ Verwenden Sie bei Erklärungen so wenig Worte wie möglich. Lassen Sie die Handlung im Vordergrund stehen.

❍ Führen Sie alle Bewegungen langsamer als gewöhnlich aus, damit Ihr Kind die einzelnen Handgriffe verfolgen kann.

❍ Meist gibt es mehrere Methoden, etwas zu tun. Drängen Sie Ihrem Kind nicht Ihre Methode auf. Es kann selbst herausfinden, auf welche Weise es etwas machen will.

❍ Nehmen Sie wahr, wann Ihr Kind etwas allein kann. Unnötige Hilfe ist eher ein Lernhindernis.

❍ Richten Sie Ihre Wohnung nach Möglichkeit so her, dass Ihr Kind die wichtigsten Dinge des Alltags allein erledigen kann. Ist es möglich, dass es sein Spielzeug ohne Ihre Hilfe erreicht und wieder einräumen kann? Darf es selbst entscheiden, was es anziehen möchte? Kommt es in der Küche an Gläser, Tassen und Teller, wenn es welche braucht?

❍ Erwachsene können viele Dinge schneller erledigen als Kinder. Lassen Sie Ihrem Kind die Zeit, die es für seine Tätigkeiten braucht. Kinder haben ein bedächtigeres Tempo.

❍ Ermöglichen Sie Ihrem Kind, sich seine Beschäftigungen selbst auszusuchen und drängen Sie es nicht zu Tätigkeiten, die es nicht interessieren.

❍ Verstärken Sie durch Anerkennung und Lob Ihr Kind in Verhaltensweisen und Tätigkeiten, die es schon beherrscht. „Prima, dass du die Tür schon so leise zumachen kannst", im geeigneten Moment gesagt, ist effektiver und ermunternder als: „Du hast schon wieder die Tür zugeknallt."

Morgens: Guter Start in den Tag

Franziska ist ein „Morgenmuffel". Wenn sie erwacht, liegt sie meist eine Zeitlang mit verträumtem Blick ganz ruhig in ihrem Bett und kuschelt sich in ihre Decke. Nach einiger Zeit holt sie sich dann ein Bilderbuch und kriecht schnell wieder unter die Bettdecke. Dann schaut sie sich in aller Seelenruhe die Bilder an. An manchen Tagen spielt sie auch mit ihren Kuscheltieren, die mit ihr im Bett schlafen. Sie liebt es, wenn ihre Mutter morgens Zeit hat und ihr noch im Bett etwas vorliest, und genießt das morgendliche Gespräch. Wenn sie aufgestanden ist, hat sie bereits über vieles nachgedacht und manches gelernt.

Anton ist ein Energiebündel, sobald er morgens die Augen aufschlägt. Er springt aus dem Bett, begrüßt seine Mutter und ist sofort in Bewegung. Seine morgendliche Lieblingsbeschäftigung besteht zur Zeit darin, mit seinem Trettrecker in die Küche zu fahren, um dort Mehl- und Zuckerpakete, Safttüten und andere Dinge in die Frontschaufel zu laden und sie dann im Kinderzimmer wieder abzuladen. Auch er macht in diesem Spiel viele Lernerfahrungen. Eigentlich ist morgens vor dem Kindergarten nicht viel Zeit. Aber Antons Mutter schmunzelt über ihr Energiebündel und lässt ihm diese Bewegungsphase, die er offensichtlich braucht, um in den Tag zu kommen.

Mit Ihrem freundlichen „Guten Morgen" beim Aufwachen und einer liebevollen Schmusephase bereiten Sie Ihrem Kind einen guten Start in den Tag. Für Kleine wie für Große ist es wichtig, den Tag gut und im eigenen Rhythmus beginnen zu können. Manche Kinder sind sofort hellwach und aktiv, andere brauchen morgens eine kleine Anlaufzeit. Versuchen Sie, die persönlichen Eigenarten Ihres Kindes zu respektieren und planen Sie für die morgendlichen Aufwach- und Aufstehrituale ausreichend Zeit und Ruhe ein. Denn eines ist sicher: Gut gelaunte Kinder lernen besser.

Körperteilaufwecker

Erzählen Sie, dass heute Morgen bestimmte Körperteile besonders aufgeweckt werden wollen. Berühren und benennen Sie einzelne Körperteile und sagen Sie: „Jetzt wecken wir deinen Kopf auf, deinen Hals, den Bauch, den Rücken, den Po, den rechten Arm, den linken Arm" usw. Lassen Sie dem Kind dabei jeweils Zeit, sich auf die genannten Körperteile einzustellen. Bringen Sie Abwechslung ins Spiel, indem Sie auch auf Einzelheiten eingehen: „Das linke Auge und jetzt dein rechtes Auge. Sind die Augenlider schon wach, die Wimpern, die Augenbrauen?" Auf diese Weise lernt das Kind seinen Körper kennen und entwickelt einen ausgeprägten „Eigensinn": Es spürt, was alles zu seinem Körper gehört, was oben, unten, hinten und vorn ist.

Körperteile raten

Ihr Kind hat die Augen geschlossen. Sie berühren ein Körperteil und Ihr Kind sagt, ob es oben oder unten, hinten oder vorn berührt worden ist, und nennt den Namen des Körperteils.
Bei diesem Spiel können Sie auch gut die Rollen tauschen. Sie werden erleben, wie schwer es zum Beispiel ist, genau zu sagen, an welchem Zeh Sie berührt worden sind.

Wetterfrosch

Durch die geschlossene Gardine vermutet Ihr Kind das heutige Wetter. Die Sonne scheint durch den Spalt in der Gardine, also wird das Wetter schön. Dann geht es zum Fenster. Welche Farbe hat heute der Himmel? Sind Wolken zu sehen? Scheint die Sonne? Regnet es? Muss ich mich warm anziehen? Kann ich draußen spielen? Wie wird der Tag heute aussehen?

Geräusche raten

Ihr Kind liegt noch gemütlich im Bett. Es lauscht. Welche Geräusche sind schon zu hören? Nur die Autos auf der Straße? Zwitschern die Vögel? Was ist noch zu hören? Hat das Zimmer auch Töne? Was ist in der Wohnung zu hören? Lassen Sie Ihr Kind nicht nur erzählen, machen Sie es auch auf bestimmte Geräusche aufmerksam. Hörst du den tropfenden Wasserhahn? Wer ist schon aufgestanden? Wer putzt sich da die Zähne?

Klappergeist

Ihr Kind verkriecht sich unter der Bettdecke. Der Klappergeist macht ein Geräusch im Kinderzimmer, zum Beispiel mit der Schranktür. Ihr Kind krabbelt wieder hervor, schaut sich im Zimmer um und errät das Geräusch.

Beim Anziehen zu sagen

„Guten Morgen, ihr Beinchen, wie heißt ihr denn?"
„Ich heiße Hampel." „Ich heiße Strampel." „Und dies ist Füßchen Übermut, und das ist Füßchen Tunichgut."
Übermut und Tuchnichgut gingen auf die Reise, patsch, durch alle Sümpfe; nass sind Schuh und Strümpfe.
Guck die Mutter um die Eck, laufen alle beide weg. *(Volksgut)*

Mittags: In der Küche auf Entdeckungstour

Svenja ist vier Jahre alt. Wenn es Salat gibt, darf sie alle weichen Zutaten schneiden. Mit großem Ernst holt sie dann ein Schneidebrett und das kleine Messer, mit dem sie gut schneiden kann. Bananen, Äpfel, Apfelsinen und Schafskäse werden in appetitliche kleine Stücke zerteilt. Wurzeln, Radieschen und Kohlrabi schneidet sie gemeinsam mit ihrer Mutter. Auch die Salatsoße kann Svenja mit Hilfe ihrer Mutter schon zubereiten.

Alle Kinder lieben es, in der Küche auf Entdeckungstour zu gehen. Sie öffnen Schränke und Schubladen und entdecken täglich neue Einzelheiten. Küchen regen nicht nur zum Kramen und Räumen, sondern auch zum Fragen an: „Geht das Licht im Kühlschrank aus, wenn ich die Tür schließe?" Außerdem ist die Küche ein Ort, wo alle Sinne Ihres Kindes aktiviert werden. Sie ist eine Spielwiese zum Schauen, Hören, Riechen, Schmecken und Fühlen.

Auch Ihr Kind will Ihnen sicherlich jederzeit gern in der Küche helfen. Was es dabei kann, hängt wesentlich von seiner motorischen Entwicklung ab. Beteiligen Sie es einfach bei möglichst vielen Aktionen in der Küche – damit fördern Sie es optimal. Es schult seine Feinmotorik, erweitert sein Wissen und gewinnt großes Selbstbewusstsein. Vorschulkinder können Salate zubereiten, Milchmixgetränke herstellen, Apfelsinen, Mandarinen schälen, Saft auspressen. Sie können Eier aufschlagen, Teig kneten, Kartoffelpüree herstellen, Mehl und Zucker mit der Waage abmessen und helfen, den Einkauf einzuräumen. Überlegen Sie bei allen Tätigkeiten, welchen Teil Ihr Kind daran übernehmen kann. Beim Schneiden sollten Sie ausprobieren, was Sie Ihrem Kind zutrauen können. Für den Umgang mit Messern gibt es keine festen Altersgrenzen.

Die Spaghetti-Expertin

Wenn Ihr Kind eine Speise zubereiten kann oder eine Tätigkeit gekonnt erledigt, erklären Sie es zum Experten für dieses Essen oder diese Tätigkeit. Sie fördern sein Selbstbewusstsein ganz erheblich, wenn Sie ihm zutrauen, etwas für die Familie zuzubereiten.

Nasendetektive

In der Küche spielt der Geruchssinn eine wichtige Rolle. Ermuntern Sie Ihr Kind, ein „Nasendetektiv" zu werden. Wie riechen Kräuter und Gewürze? Essig, Wein, Milch, Saft – alles hat seinen eigenen unverwechselbaren Geruch.

○ Experimentieren Sie mit unterschiedlichen Gerüchen: Kann Ihr Kind Petersilie, Schnittlauch und Minze am Geruch unterscheiden?

○ Nasendetektive können im Küchenschrank auf Spurensuche gehen. Was riecht in diesem Schrank besonders intensiv? Lassen Sie Ihr Kind alle stark riechenden Lebensmittel auf dem Küchentisch zusammentragen. Wie sehen sie aus? Wie schmecken sie?

Küchenordnung

In der Küche erleben Kinder auch, dass es zweckmäßig ist, Gegenstände zu ordnen und zu sortieren. Sie erkennen, dass Dinge in Gruppen zusammengehören, dass es Oberbegriffe gibt. Gläser, Teller, Tassen und Töpfe stehen nicht durcheinander, sondern in verschiedenen Schränken oder Regalen. Beim Ausräumen der Spülmaschine oder beim Abtrocknen lernt das Kind, dass Löffel, Gabel und Messer den gemeinsamen Namen „Besteck" haben. Auch die Lebensmittel stehen meist nach Gruppen getrennt. Wurst und Käse liegen im Kühlschrank nicht in einer Dose. Das Kind lernt quasi nebenbei, dass vieles im Leben sortiert, klassifiziert, kategorisiert wird. Ermuntern Sie Ihr Kind, mit verschiedenen Topfgrößen zu hantieren, Plastikdosen ineinander zu schachteln und die Besteckschublade einzuräumen.

Messen und Füllen

Die Frage, wie viel Gläser mit einer Literflasche Wasser gefüllt werden können, beschäftigt Kinder. In Ihrem Haushalt gibt es sicher verschiedene Flaschen, Krüge, Kannen, Gläser, Becher und andere Gefäße. Lassen Sie Ihr Kind nach Herzenslust abmessen, einfüllen und umfüllen. Zeigen Sie ihm die Funktion eines Trichters. Wie viel Saft lässt sich aus einer Apfelsine pressen, wie viel aus einer Zitrone? Was kann noch alles gepresst werden?

Wiegen

Erklären Sie Ihrem Kind die Grammeinteilung auf der Küchenwaage und dem Messbecher. Lassen Sie es wiegen und vergleichen. Wie hoch ist der Messbecher bei 100 Gramm Zucker gefüllt und wie bei 100 Gramm Mehl? Wie erklärt sich die unterschiedliche Höhe?
Ihr Kind kann alles wiegen, was es möchte. Wie schwer ist ein kleines Spielzeugauto? Wie viel wiegt die Barbie-Puppe? Wenn Ihr Kind Erfahrungen gesammelt hat, kann es zunächst auch schätzen. Was wiegt mehr, eine Hand voll Kastanien oder der Stein? Kann man mit der Küchenwaage auch ganz leichte Dinge, wie ein Blatt Papier, wiegen?

Nachmittags: Unterwegs im Supermarkt

Kinder lieben das Einkaufen und Verkaufen. Sicherlich kennen Sie von Ihrem Kind auch die unermüdlichen Rollenspiele, in denen es mit seinen Freunden handelt, feilscht, vertreibt, kassiert. All das sind enorm wichtige Trockenübungen, um sich später auf sicherem gesellschaftlichen Parkett zu bewegen. Ideal ist es natürlich, wenn Ihr Kind das offene und sichere Auftreten in Geschäften und Institutionen möglichst früh real ausprobieren und üben kann. Nehmen Sie Ihr Kind also mit zum Einkaufen, aufs Amt und in die Post und vermitteln Sie ihm die Vorgänge, die dort passieren.

Auch den Umgang mit Geld übt Ihr Kind am besten, wenn es selbst einkaufen darf. Gehen Sie mit Ihm auf den Wochenmarkt und lassen Sie es selbstständig zwei Kilo Äpfel kaufen, während Sie an einem anderen Stand beschäftigt sind. Es kann beim

Bäcker Brötchen kaufen und schnell die Tüte Milch holen, die Sie vergessen haben. Sagen Sie ihm, wenn es noch Geld zurückbekommt und zählen Sie zu Hause mit ihm das Wechselgeld nach. Ihr Kind lernt so, dass Geldausgeben in einen sinnvollen Vorgang eingebettet ist. Es gibt viele Möglichkeiten, Kinder in den Umgang mit Geld einzuführen. Lassen Sie es an der Tankstelle dem Kassierer das Geld reichen. So erlebt es immer wieder, dass für eine Tankfüllung mehrere Scheine notwendig sind, während es für die Brötchen mit Geldstücken auskommt. Vorschulkinder können lernen, dass fünf Mark mehr wert sind als eine Mark. Bilden Sie mit wirklichem Geld Häufchen und zeigen Sie Ihrem Kind, wie viel Groschen es für ein Markstück braucht. Lassen Sie es Ihr Kleingeld sortieren – Pfennige zu Pfennigen, Groschen zu Groschen. Auf diese Weise kann es lernen, die Münzen voneinander zu unterscheiden. Zeigen Sie ihm auch die Rangfolge der Münzen.

Sprechen Sie mit Ihrem Kind über alles, wenn Sie nachmittags unterwegs sind. Für Erwachsene ist vieles selbstverständlich, was Kinder aber noch nicht wissen. Straßenschilder, Telefonzellen, die Brücke über die Eisenbahnschienen oder den Kanal, die Schleuse. Erklären Sie die Bedeutungen und Zusammenhänge und wie die Dinge funktionieren. Sie schulen damit Wahrnehmung und Denken Ihres Kindes.

Was gibt's für eine Mark?

Gehen Sie beim Einkaufen in verschiedenen Geschäften gemeinsam mit Ihrem Kind auf die Suche, was es für eine Mark zu kaufen gibt. Beschränken Sie sich dabei nicht nur auf Sachen, die Ihr Kind gerne essen oder haben möchte. Ein anderes Mal gehen Sie auf die Suche nach Waren für zwei Mark. Kinder erhalten dadurch einen kleinen Einblick, was Lebensmittel oder andere Waren kosten. Lassen Sie Ihr Kind vermuten, weshalb die eine Ware eine Mark kostet und eine andere fünf Mark. Lesen Sie Ihrem Kind die Preisschilder vor, damit es die Sprechweise üben kann.

Im Supermarkt

Überlegen Sie gemeinsam, woher all die Waren kommen, die sie einkaufen oder die Sie sehen. Suchen Sie zu Hause die Länder gemeinsam im Atlas und überlegen Sie, auf welchem Weg die Waren hierher kommen. Wie lange brauchen sie für den Transport? Kommen sie per Flugzeug, Schiff oder Lastwagen?
Variation: Wenn Ihr Kind schon etwas über die Herkunft der verschiedenen Lebensmittel weiß, können Sie ein Spiel daraus machen: „Wir kaufen heute längliches, gebogenes Obst, das kommt aus Südamerika (und ist gelb)."
Erweitern Sie den Wortschatz Ihres Kindes, indem Sie unbekannte Lebensmittel benennen und erklären, wofür Sie sie brauchen. Lassen Sie Ihr Kind immer wieder die Lebensmittel selbstständig suchen und aus den Regalen nehmen.

Spielgeld

Unterstützen Sie Ihr Kind, wenn es „Verkaufen" spielen will und spielen Sie mit. Das Spielgeld können Sie gemeinsam basteln, mit fünf oder sechs Jahren können Sie auch schon das Rechengeld, das Sie bei Ihrer Bank bekommen, benutzen. Kleine Kassen und Portemonnaies machen das Spiel realistischer und spannender. Der Umgang mit Geld ist auch an Sprache gebunden. Beim Kaufmannsspiel kann Ihr Kind spielerisch das Verhalten üben, das es in realen Situationen braucht. Es kann fragen: „Wie viel kostet das?", oder: „Reicht mein Geld dafür?", oder: „Bekomme ich noch Geld zurück?" Kinder, die geübt sind in spielerischen Situationen, können das Gelernte in der Realität leicht umsetzen.

Rollentausch

Ihr Kind ist jetzt einmal die Mutter und sagt Ihnen, auf welchem Weg Sie zum Supermarkt, zum Turnen, zur Musik oder zur Oma kommen: „Du fährst geradeaus und musst da vorne an der Ampel links abbiegen etc." Vorschulkinder können links und rechts oftmals noch nicht gut unterscheiden. Ihr Kind kann sich zur besseren Orientierung zum Beispiel ein Freundschaftsband um das linke oder rechte Handgelenk binden. Oder Sie malen ihm einen Punkt auf die linke Hand. Das Spiel können Sie auch spielen, wenn Sie zu Fuß unterwegs sind. Beim Busfahren kann Ihr Kind zum Beispiel ansagen, an welcher Haltestelle Sie umsteigen müssen.

Abends: Spiel und Spaß im Badezimmer

Vorschulkinder sind Badezimmer-Profis. Im Alter von drei bis fünf lernen sie die wichtigsten Tätigkeiten im Bad allein zu bewältigen. Sie gehen allein zur Toilette, waschen sich die Hände, putzen sich die Zähne. Sie lernen, Einhandmischer oder normale Wasserhähne zu bedienen. Zahnpastatuben auf- und zuzuschrauben und sich Zahnpasta auf die Zahnbürste zu drücken. Sie können lernen, sich alleine zu waschen und sich abzutrocknen. Allerdings ist es auch ein Genuss, von den Eltern mal sanft oder etwas fester abgerubbelt zu werden. Sie üben, aus Tuben und Flaschen die richtige Menge zu entnehmen. Sie können ihr Handtuch nach dem Baden zum Trocknen aufhängen und auch schon beim Putzen helfen. Das Badezimmer ist ein Raum, in dem es viel zu lernen und zu entdecken gibt. Vor allem gilt das natürlich auch für die Badewanne: Während Kinder baden, lernen sie eigentlich ununterbrochen: Sie lassen Schiffe, Flaschen und Holzstückchen schwimmen, schütten und gießen Wasser von einem Behälter in den anderen, tauchen unter, sprechen und singen unter Wasser, horchen, wie sich die Geräusche verändern. Sie bemerken, dass Wasser harte Schwämme weich werden lässt – und die Haut schrumpelig! Bei all diesen Spielen machen sie vielerlei Erfahrungen, die Fragen aufwerfen. Ermuntern Sie Ihr Kind, diese Fragen zu stellen. Regen Sie es zum genauen Beobachten an. Zeigen Sie Interesse, damit es beschreiben kann, was ihm aufgefallen ist. Fragen Sie nach seinen Erklärungen und lassen Sie es noch einmal überprüfen und notfalls neue Vermutungen anstellen.

Spiele mit Schaum

Für Kinder sind Schaumbäder ein großes Vergnügen. Sie machen die Erfahrung, dass unter dem Schaum das Wasser länger heiß bleibt. Schaum lässt sich wegpusten oder zu Bergen auftürmen, man kann sich Perücken aus Schaum aufsetzen oder Bärte ankleben. Durch intensive Ruderbewegungen kann man neuen Schaum schlagen. Mit Trinkhalmen lassen sich kleine Schiffe und andere Gegenstände über das Wasser pusten. Man kann Wellen und Blubberblasen erzeugen.

Was schwimmt?

Kinder probieren gerne aus, was alles schwimmt oder sinkt. Lassen Sie Ihr Kind kleine Gegenstände mit in die Badewanne nehmen, damit es ausprobieren kann, was alles schwimmt, was schnell oder langsam sinkt. Dabei erfährt es etwas über die physikalischen Eigenschaften von Gegenständen. Vorher kann es vermuten, wie sich die Gegenstände verhalten werden: Korken, Holzstückchen, Papier, Steine, Spielfiguren, Autos, Stifte, Löffel, Schneckenhäuser, Büroklammern etc.

Gießen und schütten

In der Badewanne können Kinder ausgiebig Wasser von einem Behälter in einen anderen schütten oder gießen. Sie lernen dabei, wie man Gefäße am besten anfasst, wie groß der Bogen beim Eingießen ist, wie man sicher „zielt", damit der Strahl auch in das Gefäß trifft, wie viel Flüssigkeit in verschiedene Behälter hineinpasst. Sie erfahren im Spiel die unterschiedliche Größe von Behältern und lernen sie einzuschätzen. „Wie viel kleine Flaschen passen in die große Gießkanne?" oder „Wie viel Behälter kann ich mit einer Kanne füllen?" sind erste experimentelle Überlegungen.

Ganz Ohr

Hält man die Ohren unter Wasser, hören sich alle Geräusche plötzlich ganz anders an. Mit dem Mund lassen sich im Wasser lustige Geräusche erzeugen. Man kann Laute blubbern, gurgeln oder prusten.

Physik in der Badewanne

Sie brauchen: eine kleine, durchsichtige, harte Flasche, einen Meter Aquarienschlauch aus der Zoohandlung.

1. Experiment

Das Kind taucht die Flasche mit der Öffnung nach unten ganz ins Wasser ein. Die Flasche ist voller Luft. Wenn es die Flasche jetzt etwas heraushebt und kaltes Wasser darüber laufen lässt, zieht sich die Luft in der Flasche zusammen und man kann beobachten, wie das Wasser hochgesaugt wird.

2. Experiment

Die Flasche wird wieder eingetaucht, etwas hochgezogen und das Kind lässt heißes Wasser darüberlaufen. Es kann sehen, dass die Luft sich ausdehnt und aus der Flasche in Blasen entweicht.

3. Experiment

Die mit Wasser gefüllte Flasche wird mit der Öffnung nach unten untergetaucht. Mit dem Schlauch wird vorsichtig Luft hineingeblasen, bis die Flasche schwebt. Lässt man dann kühles Wasser um die Flasche herumfließen, sinkt sie. Wird sie von warmem Wasser umspült, steigt sie wieder.

Boot in Seenot

(Fingerspiel für die Badewanne)
Die Glocken läuten auf dem Turm,
läuten Abend-Sturm.
Dunkel ist der Himmel,
bammel, bammel, bimmel.
Ein klitzekleines Boot
gerät in Meeresnot.
In haushohen Wellen
droht es zu zerschellen.
Der Sturm macht plötzlich schlapp,
die Wolken ziehen ab.
Kommt endlich die Sonne raus,
sieht das Meer gleich freundlich aus.
Jetzt gleitet durch die Nacht,
das Boot ganz sanft und sacht.

Petra Brandt
(aus: PeP, Projekte entwickeln für die Praxis, Piraten, Verlag Herder, Freiburg 2000)

Rat und Hilfe

Literatur

Von A–Z
Christian Kämpf, Mein ABC-Buch zum Ausfalten und Aufstellen, Coppenrath Verlag, Münster 2000
Marlies Rieper-Bastian, Lustige ABC-Geschichten, Ravensburger Buchverlag Otto Meier GmbH, Ravensburg 1995

Von 1–10
Marlies Rieper-Bastian/Frauke Nahrgang, 1,2,3 … Piraten kommt herbei, Ravensburger Buchverlag Otto Meier GmbH, Ravensburg 1996
Chuck Murphy, Eins bis zehn, ars Edition, München 1999
Eric Carle, 1,2,3 ein Zug zum Zoo, Gerstenberg Verlag, Hildesheim 1996
Finger Quiz plus Zahlenspiele, Edition Bücherbär im Arena Verlag, Würzburg 1999

Feinmotorik
Helga Biebricher/Sybille Brauer, 10 kleine Zappelfinger, Ein Spiel- und Anleitungsbuch, Pattloch Verlag, Augsburg 1992
Alte und neue Fingerspiele, Tolle Ideen für kleine und große Hände – Zur Förderung von Feinmotorik und Sprachentwicklung, Südwest-Verlag/VVA, München, 3. Aufl. 2000

Forschen und Entdecken
Max de Boo, Erste Tolle Ideen – Forschen und Entdecken, Verlag an der Ruhr, Mühlheim an der Ruhr 1993
Christina Björk/Lena Anderson, Die schnellste Bohne der Stadt, Wir pflanzen Kerne, Samen und Früchte, C. Bertelsmann, München 1980

Soziales Lernen (Bilderbuchtipp)
David McKee, Du hast angefangen! Nein, du!, Verlag Sauerländer, Frankfurt 1982

Adressen

In der Bundesrepublik gibt es ein breit gefächertes Netz an Beratungsstellen. Für Erziehungs-, Entwicklungs- und Familienfragen gibt es zum Beispiel

- Familienberatungsstellen
- Familienbildungsstätten
- Erziehungsberatungsstellen
- Beratungsstellen für allein erziehende Mütter und Väter
- Deutscher Familienverband
- Deutscher Kinderschutzbund

Städte oder Landkreise, soziale Verbände wie zum Beispiel die Arbeiterwohlfahrt oder das Diakonische Werk und Pfarrämter sind meist die Träger dieser Einrichtungen. Fragen Sie bei Bedarf in Ihrer Stadt, Ihrem Landkreis, der Kirche oder den genannten sozialen Einrichtungen nach, wer in der Nähe Ihres Wohnortes eine Beratung anbietet. Man wird Ihnen gerne weiterhelfen.

Bei Entwicklungsfragen wenden Sie sich an Ihren Kinderarzt. Logopäden beraten Sie und Ihr Kind bei sprachlichen Auffälligkeiten. Ergotherapeuten unterstützen unter anderem bei Wahrnehmungsproblemen. Krankengymnasten helfen bei motorischen Auffälligkeiten.
Adressen finden Sie jeweils in Branchen- und Telefonbüchern.

Weitere Adressen
Beratungsstelle „Blick-Labor", Diagnose und Beratung bei Lernproblemen, insbesondere Lese- und Schreibproblemen, Universität Freiburg, AG Hirnforschung, Hansastraße 9, 79104 Freiburg, Tel: 0761/ 2 03 95 36, Internet: www.brain.uni-freiburg.de

Gesellschaft für ganzheitliches Lernen e.V., Regionalbüro Lüdenscheid, Schumannstraße 8, 58509 Lüdenscheid, Tel: 0 23 51/ 6 19 18.

ISBN 3-419-53310-1

ISBN 3-419-53309-8

**Bücher,
die Eltern und
Kindern gut tun**

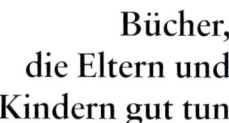

CHRISTOPHORUS
m●bile

ISBN 3-419-53301-2

Impressum

© 2000 Christophorus-Verlag GmbH
Freiburg im Breisgau

Alle Rechte vorbehalten –
Printed in Germany

Jede gewerbliche Nutzung der Arbeiten und
Entwürfe ist nur mit Genehmigung der Urheber und des Verlags gestattet. Bei Anwendung im Unterricht und in Kursen ist auf
dieses Buch hinzuweisen.

Gesamtherstellung: Hampp Verlag, Stuttgart
Fotos: S.10, S.17, S.45, S.66, S.90: Ulrich
Niehoff; S.2, S.3, S.7, S.40, S.42, S.50, S.53,
S.88: Heidi Velten; S.4, S.23, S.31, S.32,
S.36, S.62, S.65, S.72, S.81: Jutta Weser
Titelfoto: Hartmut W. Schmidt
Illustrationen: Michael Luz
Satz: pws Print und Werbeservice Stuttgart
Layoutentwurf und Umschlaggestaltung:
communicate, Stuttgart
Druck: Franz-Spiegel-Buch, Ulm

ISBN 3-419-**53312**-3